KB252361

국가의 품격

National Prestige

國家의 품 격

초판 1쇄 인쇄	2006년 11월 22일
초판 1쇄 발행	2006년 11월 27일
지은이	후지와라 마사히코
옮긴이	오상현
펴낸곳	BOOK STAR
펴낸이	박정태
출판등록	1991. 5. 31. 제 12-484호
주소	서울시 마포구 구수동 42-2 영풍빌딩
전화(代)	02)714-2122
팩스	02)713-2125
E-mail	Kwangmk@unitel.co.kr

© 2006, BOOK STAR
ISBN

잘못 만들어진 책은 바꾸어 드립니다. 값은 뒤표지에 있습니다.

國家의 품격
National Prestige

후지와라 마사히코 저 | 오상현 역

BOOK STAR

KOKKA NO HINKAKU
by FUJIWARA Masahiko
Copyright © 2005 FUJIWARA Masahiko
All rights reserved.
Originally published in Japan by Shinchosha Co., Tokyo.
Korean translation rights arranged with
shinchosha Co., Japan
through THE SAKAI AGENCY and NIHON SHUPPAN JOHO SHA.

이 책의 한국어판 저작권은 저작권자와의 독점 계약으로 북스타에 있습니다.
저작권법에 의해 한국 내에서 보호를 받는 저작물이므로
무단 전재와 무단 복제를 금합니다.

작년에 12월 나는 아내와 함께 서울을 방문했었습니다. 아내가 한국을 방문한 목적은 서울을 구경하고 불고기를 먹기 위한 것이었지만, 나는 판문점을 견학하는 것이었습니다. 실은 판문점 그 자체보다도 판문점에서 바라보이는 개성 쪽에 있는 산들을 보기 위한 것이었습니다.

1946년 8월, 다섯 살이었던 나는 3형제와 어머니와 함께 한국의 38선을 넘었습니다. 산을 넘고 강을 건너서 가까스로 도착한 곳이 개성이었는데, 힘이 쇠진해진 어머니는 의식을 잃고 길에 쓰러지셨습니다. 미군에 의해 구조를 받게 된 우리 가족은 난민 캠프에서 한 달을 보낸 후, 일본에 귀국할 수 있었습니다.

그 후 어머니는 여러 차례 이런 말씀을 하셨습니다.

"돈 많은 조선인은 차가웠지만, 궁핍했던 조선인들은 음식을 베풀어 주는 등 우리를 따뜻하게 도와주었단다."

나는 지금도 기억하고 있습니다. 비에 흠뻑 젖어 거지나 다름없는 모습으로 떨고 있는 우리들에게 따뜻한 마굿간에서 하룻밤을 지내도록 해주신 분도 있었던 것을……. 어머니는 당시 우리에게 인정을 베풀어 주었던 김씨 성을 가진 그 분을 꼭 한 번

만나서 답례하고 싶다고 여러 번 말씀하셨습니다.

그렇게 친절한 조선인 여러분이 없었으면, 우리 어머니와 형제들은 북한의 산 어딘가에 묻혀서 흙이 되었을 것입니다. 그런 기억을 떠올리면서 판문점의 전망대에서 20킬로 정도 떨어진 북쪽으로 보이는 개성의 산들을 바라보았던 것입니다.

《국가의 품격》이 한국어로 번역된다는 말을 듣고 매우 기뻤습니다. 서구가 개념화하여 오랫동안 세계를 지배해온 '논리와 합리, 자유, 평등, 민주주의' 등을 정면으로 비판하는 이 책을 쓰면서 불안에 사로잡혀 있었습니다. 그 이유는 미국이 시키는 대로 행동하면서 '경제가 번영하기만 하면 상관없다'고 생각하는 구제불능의 일본인을 비롯해서 세계의 여러 사람들로부터 미움받을 것이 틀림없다고 생각했기 때문입니다. 그래서 '이 책으로 인해 여러 사람들한테서 미움을 받으면 붓을 꺾고 수학의 세계에 돌아가겠다'고 하는 각오로 집필한 것입니다.

나는 일찍이 한국의 어느 산에서 죽음 직전에 구출된 적이 있는 몸이니까, 온 세상 사람들한테서 미움을 받는 것 따위는 무섭지 않았습니다. 이 책이 한국어로 번역되어 나를 구해 준 한국인들에게 읽혀진다는 것은 정말 감개무량한 일이 아닐 수 없습니다.

2006년 11월
후지와라 마사히코 藤原正彦

나는 30여 년 전에 미국의 대학에서 3년 정도 강의를 한 적이 있다. 그러는 동안에 나는 이심전심, 의기투합, 장유유서, 의리, 인정, 품앗이, 하라게이몸짓 등을 기본적인 삶의 요소로 삼고 있는 일본 사회에 비해서 논리의 응수만으로 사물을 결정해 나가는 미국 사회가 매우 상쾌하다는 생각을 했다.

미국에서는 모두가 문제를 결정하는 방법은 그 문제 이외에는 아무것도 없다고 여기기 때문에, 토론에서 지든 이기든 그것을 마음속 깊이 간직하는 경우는 없다. 세계 여러 나라에서 모여든 이민자들이 국가를 이룩했기 때문에 흔히들 인종의 도가니라고 하는 미국에서는, 국가를 통일하기 위해서는 모든 인종에게 공통된 생각과 논리에 따를 수밖에 없는 것이었다.

그런 연유로 형성된 미국의 사고방식에서 느껴지는 상쾌함을 알게 된 나는 귀국한 후에도 미국적인 사고방식을 관철시켰다. 토론에 지든 이기든 문제의 사안을 마음속 깊이 담아두며 원망하지 않겠다는 자세로 임했으며, 교수 회의에 참석했을 때에는 나의 의견을 강하게 주장하고 반대 의견에 가차없는 비판을 가했다. 개혁에 이어지는 개혁을 소리 높여 외쳤다. 미국에서는 개혁은 언제나 선이었기 때문이다. 그러나 결국 나의 명분은 통하지 않았으며, 의견이 엇갈리는 경우가 거듭되었다. 나는 수년간 미국 취향에 젖어 있었지만 점점 논리만으로는 문제가 해결되지 않고, 논리적으로 옳다고 하는 것은 그다지 중요하지 않다고 생각하게 되었다.

이러한 생각을 하게 되었을 때 내 나이가 40대 후반이었는데, 그 무렵 나는 미국의 캠브리지대학에서 1년 정도 보내던 시기였다. 캠브리지대학 사람들은 저녁식사를 할 때 뉴턴이 살아 있을 때와 다름없이, 똑같은 방에서 똑같은 검은 망토를 걸치고 어둑한 촛불 아래에서 식사를 하면서 기쁨을 느낄 정도로 전통을 지키고 있었다.

캠브리지대학에서는 논리를 강하게 주장하는 사람은 기피당하고 있었다. 보이지 않게 이심전심으로 문제를 해결하는 방식이라든가, 앞에서 언급한 바가 있는 노련한 처세 방식인 하라게이 등의 사고방식이 있었다. 같은 앵글로색슨족이라고는 해도 미국과는 전혀 다른 국가의 색깔을 지니고 있었다.

영국에서는 논리보다는 관습과 전통, 개별적으로는 성실성과 유머가 중시되고 있었다. 개혁에 열정을 불사르는 사람도 약간은 있긴 했으나 '어딘지 모르게 수상쩍은 사람'으로 보이는 느낌이 들었다. 신사들은 그러한 사람들을 '유머가 결여된 사람'으로 빗대어서 평가하기도 했다.

　영국에서 돌아온 나에게는 논리의 비중이 크게 낮아졌고 정서라든가 틀양식이라는 것이 점점 큰 비중을 차지하게 되었다. 여기에서 말하는 정서라고 하는 것은 누구나 태어나면서 타고나는 희로애락과 같은 요소가 아니라 정겨움이라든가 애상감이라고 할 수 있는 일본 특유의 '모노노아와레'라고 하는 정신교육에 의해서 배양되는 요소를 의미한다.

　틀양식이라고 하는 것은 주로 무사도정신에서 나오는 행동 기준으로 일본인의 특징 요소이며 국가의 됨됨이라고도 할 수 있는 요소들이다. 그러나 이러한 것들은 쇼와시대 초기부터 조금씩 소실되어갔는데, 전쟁이 끝나는 시점에서는 심한 상처를 입었으며 버블 경제가 붕괴한 후에는 벼랑에서 떨어지듯 외면당해 버렸다. 그 이유는 좀처럼 극복할 수 없는 불황으로 낭패감을 느낀 일본인은 제정신을 잃고 '개혁 = 개선'이라고 착각한 채 그때까지 지녀온 미풍양식을 벗어던지고 먹구름이 잔뜩 깔린 개혁의 길로 달려갔기 때문이다.

　경제 개혁의 기둥이 된 시장 원리를 비롯해서 멈출 줄을 모르는 미국화는 경제 영역을 훨씬 초월하여 사회, 문화, 국민성에 이르기까지 깊은 영향을 주어버렸던 것이다. 금전 지상주의에 현혹당한 일본인은 머니 게임으로 형성된 재력에 내맡겨져 법률 위반을 아슬아슬하게 자행하며, 언론을 매수하는 행위를 비겁하거나 저속한 행위로 생각하지 않게 되었던 것이다.

태평양전쟁이 끝난 후 일본은 조국에 대한 긍지와 자신감을 상실하게 하는 교육을 받았으며, 그 결과로 다리와 허리가 나약해진 일본인은 세계에 자랑할 만한 일본 고유의 '정서와 틀양식'을 완전히 망각하고 시장경제로 대표되는 서구의 '논리와 합리'에 몸을 팔아넘겨 버렸던 것이다.

일본은 이렇게 해서 국가의 색깔을 상실했다. 또한 일본은 '국가의 품격'을 잃었다. 현재 진행중인 세계화라고 하는 것은 세계를 균질하게 하는 행위이다. 일본인은 이러한 세계의 추세에 과감하게 맞서 싸워야 한다고 생각한다. 보통 국가가 되어서는 안 된다. 서구의 지배 속에서 형성되어온 세계에 맞서서 일본은 '고고한 나라'가 되어야 한다. '고고한 나라, 일본'을 회복해서 세계에 모범을 보이는 것이야말로 일본이 역할을 할 수 있는 인류에 대한 세계사적 공헌이라고 생각한다.

이 책은 내가 그동안 강연해 온 기록을 바탕으로 해서 주제를 정했으며, 거기에 대폭적으로 내용을 덧붙인 것이다. 이 글은 원래 강연할 때 회화체 문장으로 기록한 것이었기 때문에 책으로 출간하기 위해서 거의 모든 문장을 수정했다. 품격 없는 필자의 '품격 있는 국가론'이라는 매우 희귀한 책이 되었다.

2006년 11월
후지와라 마사히코 藤原正彦

차례

제1장
근대적 **합리정신**의 한계

‘문명의 신성한 사명!’
정말 아름다운 표현이다.
인종 차별을 계속하기 위해서도 이렇게
아름다운 표현이 필요했을 것이다.
인간은 이익을 위해서라면 매우 간단하게
아름다운 표현과 아름다운 논리를 만들어낸다.

시장원리주의의 전제 조건은 '우선 공평하게 경쟁하자'는 논리이다.
공평하게 싸워서 이긴 자가 이익을 모두 취한다.
영어로 말하면 '승자독식제*Winner takes all*'라는 표현이다.
공평하게 싸운 결과이기 때문에 전혀 나쁜 것은 없다.
승자가 모든 것을 취해도 상관없는 논리를 의미한다.
그러나 이 논리는 '무사도정신'에 의하면 '비겁'이라는 것에 해당된다.
큰 사람이 작은 사람과 싸우는 것은 비겁이다.
강한 자가 약한 자를 해치우는 것은 비겁이다.
무사도정신은 그렇게 가르치고 있다.

나의 **확신**

　지금부터 나는 '국가의 품격'이라고 하는 것에 대해서 글을 쓰고자 한다. 일본이 이것을 회복하는 것은 틀림없이 시간이 걸리겠지만, 일본과 세계에 있어서 가장 중요한 과제라고 생각한다.

　나는 내가 옳다고 확신하는 것에 대해서만 언급할 생각인데, 불행히도 내가 확신하고 있는 것에 대해서는 자주 견해가 달라지고 있다. 물론 '나 혼자만이 옳고 다른 모든 사람들이 틀린 생각을 가지고 있다'고 나는 생각하고 있다.

　무엇보다도 가장 가까이에서 바라보고 있는 아내의 의견을 빌리자면, 내 이야기의 절반은 오류와 착각, 나머지의 절반은 과장과 허풍이라고 한다. 나는 전혀 그렇게 생각하지 않지만, 그런 의견이 있다고 하는 점을 미리 밝혀둔다.

서구에 의해서 진행된 근대

우선 간단하게 역사를 돌이켜보는 방법으로 시작해 보고 자 한다.

근현대의 최근 5세기 정도를 돌이켜서 생각해 보면 무엇이 어찌됐든 '서구에 의해서 진행된 시대'라고 말할 수밖에 없다. 아시아를 비롯하여 아프리카 및 중남미가 여기저기에서 안간힘을 쓰며 반항해 보았지만, 서구의 적이 되지는 못했다. 완전히 서구에 지배당해 버린 것이다. 르네상스부터 종교개혁, 과학혁명, 그리고 산업혁명이 '유럽에서 일어났다'고 하는 것이 결정적이었다.

특히 산업혁명은 세계사 속에서 최대의 사건이라고 할 수 있다. 이것에 의해서 서구가 세계를 지배하게 되었다. 산업의 힘으로 만들어낸 강력한 무기가 서구의 힘이 되었다. 힘이 약한 백인도 그 강력한 무기를 사용하면, 창 한 자루로 사자를 쓰러트릴 수 있는 마사이족의 용사를 쓰러트릴 수 있었다. 마사무네正宗가 만든 최고의 일본도를 손에 쥔 사무라이가 칼날을 번쩍거리며 돌진하는 경우에도 똑같은 운명이다.

이와 같이 세계는 유럽에 의해서, 그리고 20세기에는 유럽을 뒤이은 미국에 의해서 '지배당한' 셈이다. 산업혁명의 본고장인 영국이 일곱 개의 대양을 무력에 의해서 지배했고, 그 뒤를 미국이 이어받은 결과, 지금 세계의 모든 어린이들은 울며불며 영어를 공부하고 있다. 왜냐하면 침략자의 언어를 배우지 않으면 살아남을 수 없기 때문이다.

만일 내가 사랑하는 일본이 세계를 정복하고 있다면, 지금쯤 세계의 모든 어린이들이 울면서 일본어를 공부하고 있을 것이다. 이것은 정말 유감이 아닐 수 없다.

서구는 야만인이었다

산업혁명은 영국에서 일어났다. 미국, 중남미, 서아시아는 물론 일본과 중국에서도 산업혁명이 일어날 것 같은 기색이

전혀 없었다. 그렇고 보면 서구의 백인들이 아무리 생각해 보아도 우수하며 다른 민족은 서구의 민족보다 열등하다고 생각할 수 있다.

그러나 사실은 그렇지 않다. 예를 들면 5세기부터 15세기까지의 중세를 살펴보기로 하자. 미국은 당시까지만 해도 세계사의 무대에 존재하지 않았던 것이나 다름없다. 유럽도 좁은 땅덩어리를 둘러싸고 제후들 사이에서 항쟁이 끊이지 않았으며 무지와 빈곤과 투쟁으로 장식되어 왔다. '야만족'의 집합체였던 것이다.

한편 일본은 당시 이미 매우 세련된 문화를 가지고 있었다. 문화적 세련도의 지표라고 할 수 있는 문학을 보아도 《만요슈万葉集》,《고킨슈古今集》,《마쿠라노 소시枕草子》,《겐지 모노가타리源氏物語》,《신고킨슈新古今集》,《호조키方丈記》,《쓰레즈레구사徒然草》…… 등 끝없이 많다.

이 10세기 동안에 걸쳐서 집필된 문학작품을 비교해 보면, 유럽의 전 지역에서 집필한 문학작품보다 일본이라는 한 나라가 집필한 문학작품이 작품의 질이나 양의 양면으로 보아도 우위에 있다고 나는 생각한다.

당시의 유럽은 그 정도의 상태였다. 웬만한 문학 애호가가 아닌 한, 5세기부터 15세기까지의 유럽이 낳은 문학작품 세

가지를 예로 들 수 있는 사람은 적을 것이다.

　영문학은 지금에 와서 그 우수함을 상당히 자랑하고 있지만, 유사 이래 1500년까지의 시기에 어떠한 작품이 나왔던가? 《캔터베리 이야기》 정도밖에 머리에 떠오르지 않을 것이다.

수학의 수준도 낮았다

　이것은 문학에 국한된 이야기가 아니다.

　당시 유럽의 수학 수준을 살펴보면 너무나도 수준이 낮았던 것에 아연실색한다.

　예를 들면 11~12세기가 되어도 아직 $\sqrt{2}$ 가 유리수인지 아닌지조차 이해하지 못했었다. 즉, $\sqrt{2}$가 분수로 나타낼 수 있는지 어쩐지를 알지 못했던 것이다. 유리수가 아닌 것은 피타고라스가 활약하고 있던 고대 그리스에서는 이미 알고 있었다. 그러나 11~12세기의 유럽 수학은 고대 그리스보다 뒤져 있었던 것이다. 문명은 착실하게 진보해도 문화는 퇴보하는 경우가 있다고 하는 전형적인 예이다.

수학에 대해서 말하자면, 중세에는 서아시아 쪽이 뛰어났다. 13세기가 되면 동서양을 사이에 둔 지적 교류의 덕분으로 원나라가 세계의 최상위가 된다.

문학에서도 수학에서도 대부분의 문화에 있어서 유럽은 침체해 있었다. 실제로 1500년이라고 하는 세월을 면밀하게 살펴보면 통일된 국가조차도 많지 않았다. 영국을 비롯해서 러시아, 이탈리아, 독일 등의 나라들도 통일되어 있지 않았다. 일본은 훨씬 옛날부터 통일 국가로서 존재해 있었다.

이처럼 10세기 동안이라고 하는 장기간에 걸쳐서 매우 뒤처져 있었던 유럽에서 우선 르네상스, 이어서 종교개혁, 갈릴레이나 뉴턴 등에 의한 과학 혁명이 일어나고, 이성이 해방되게 됨으로써 유럽은 비로소 논리와 근대적 합리정신이라는 것을 획득했다.

나 같은 애국자에게 견딜 수 없는 상황이 계속되었다. 그러나 기다리고 기다렸던 서구에 의한 지배의 봇물이 마침내 터져 버렸다.

선진국은 모두 병폐하고 있다

　지금 일본은 황폐해 가고 있다고 하는 말을 자주 듣는데, 세계의 모든 선진국은 전부 비슷한 상황에 놓여 있다. 예를 들어 핵무기를 생각해 보기로 하자. 이 세상에서 핵무기를 좋아하는 사람은 단 한 사람도 없다. 그러나 핵무기는 확실히 증가해 가고 있다. 파키스탄과 인도가 가졌을 때는 세계 모든 국가가 매우 놀랐지만, 지금은 북한과 같은 극빈한 상태에 있는 발전도상국에서조차 핵무기를 가지고 있다.

　앞으로도 핵무기를 보유할 나라가 점점 늘어날 것이다. 왜냐하면 핵무기를 보유하는 쪽이 외교적으로 확실하게 이득을 보기 때문이다. 미국과 러시아 등 핵을 보유한 국가가 아무리 '핵 확산은 인류의 평화에 대한 위협을 초래하니까 포기하라'고 하는 말에는 전혀 박력이 없다. 그런 미사여구의 말참견으로 설득력이 없는 것은 당연하다. 미국은 북한에게

'핵무기를 보유하지 말라'고 주장하고 있는데, 정작 미국은 지구인 모두를 몇십 번이나 죽일 수 있는 핵무기를 가지고 있다. '너희들은 포기하라'고 주장해도 말을 듣지 않는다. '우리는 이성을 가지고 있기 때문에 상관없지만, 너희들은 되먹지 못한 놈들이라 무슨 일을 저지를지 알 수 없으니까 그만두라'고 하는 주장을 하기 때문이다.

내가 김정일이라도 미국이 하는 말 따위는 듣지 않겠다. '우리들도 절반은 포기할 테니까 너희들도 포기하라'고 했으니까 아직은 잘 모르겠지만, 핵무기를 보유하는 것이 국익에 유리하다는 점은 현재의 북한을 보아도 알 수 있다. 핵 카드만으로 모든 원조를 받아내려고 한다. 주변국도 최대한 양보를 거듭하고 있다. 마음먹은 대로 행동에 옮기는 미국조차도 핵 보유 국가를 공격한 적은 아직 없다. 핵 문제에 대해서는 끈질기게 물고 늘어지는 것만으로도 이익이 생기는 상황이 성립되기 때문에, 이래서 모두가 싫어하고 있는 핵무기가 점점 확산되어 가고 있는 셈이다.

환경 파괴의 문제도 마찬가지이다. 모든 사람들은 숲 속에서 불어오는 산들바람을 맞으면서 살아가고 싶은 심정을 당연히 가지고 있다. 그러나 세계의 모든 곳에서 꾸준히 환경이 파괴되어 가고 있다.

범죄, 가정 붕괴, 교육 붕괴

범죄와 테러도 마찬가지로 모든 사람들이 싫어하지만 증가해 가고 있다.

내 친구 중에 벨기에의 수도 브뤼셀에 살고 있는 남성이 있다. 몇 년 전에 그가 살고 있는 곳에 갔더니 침대 밑에서 라이플총을 꺼내왔다. 미국이라면 이상할 일이 아니지만, 유럽의 가정에서 총을 본 것은 처음이었다. "도대체 어찌된 일이냐?"고 물었더니 "유럽연합EU의 확대로 국경이 없어지니까 동유럽의 가난한 사람들이 서유럽으로 돈을 벌려고 오게 되었다. 서쪽 끝에 있는 벨기에에서 벤츠와 BMW 등의 고급차를 훔쳐서 그대로 논스톱으로 동유럽까지 도망쳐 버리면 아무도 붙잡을 수 없다."고 한다.

"만일 내 차를 훔치려고 하는 놈이 있다면 이것으로 쏴죽이겠다."고 하면서 기세당당하게 라이플총을 보여주었다.

아직 총을 쏘아본 적은 없다고 했다. 더구나 그의 차는 프랑스에서 제작한 몹시 낡은 차였다.

이처럼 치안은 매우 악화되었다. 테러도 모든 세계의 공포요소가 되어버렸고, 마약과 에이즈도 멈출 줄을 모른다.

가정 붕괴와 교육 붕괴도 선진국에 있어서 공통된 현상이다. 교육 붕괴에 의한 학력 저하, 어린이들의 독서 기피, 소년 소녀들의 비행은 어느 선진국에서도 심각한 문제로 부각되어 있다. 전 세계의 선진국에서 똑같은 문제가 발생해서 똑같이 곤란을 겪고 있는데도 모두가 어떻게 해야 좋을 지에 대해서 묘안을 찾아내지 못하고 있다.

몇 년 전에 영국의 상원의원이 우리 집에 놀러왔다. 내가 캠브리지대학의 퀸즈 칼리지에서 강의를 한 적이 있는데, 그 무렵에 그곳의 학장을 역임했던 사람이다. 지금은 작위도 받아서 영국의 과학기술 정책을 이끄는 중심 인물이 되었다. 그도 "영국에서도 수리 과목을 기피하는 현상이 심각하다."고 말하면서 독서를 기피하는 현상도 점점 뚜렷하게 진행되는 이야기도 덧붙였다. 그리고 그는 심각한 얼굴로 나에게 "마사히코 씨, 그 원인에 대해서는 여러 가지 지적되고 있지만, 진정한 원인은 도대체 무엇일까요?" 라고 물었다.

이 세상의 사리 분별을 하는 사람들은 이처럼 광범하게 걸려 있는 황폐해 가는 현상에 대해서 '어떻게든 대처해 나가야 한다'고 생각하면서도 전혀 결말이 나지 않는다. 문명병이라는 진단을 내리고 눈썹을 찌푸리기만 했을 뿐 방법을 찾지 못한 상황인데, 황폐된 원인은 도대체 무엇일까?

근대적 합리정신의 파탄

내 생각으로 이러한 현상은 서구적인 논리, 근대적 합리주의 정신의 파탄임에 틀림없다.

이 두 가지는 그야말로 서구의 세계 지배를 확립한 산업혁명과 그 후에 이루어진 과학기술 문명을 지탱한 초석이다. 현대 문명의 원동력으로서 논리·합리의 승리는 너무나도 극적이었다. 그래서 세계는 논리·합리에 의한다면 염려할 필요가 없다고 하면서 그것을 과신했던 것이다.

논리라든가 합리라고 하는 것이 매우 중요한 것은 말할 필요도 없다. 그러나 인간의 삶이라는 것은, 그것만으로는 지탱해 나갈 수가 없다고 하는 것이 분명한 시기가 바로 현재가 아닐까 하는 생각이 든다. 근대를 장식해온 여러 가지 이데올로기도 대부분이 논리와 근대적 합리주의 정신의 산물이다. 그리고 이러한 것이 파탄에 이르렀다.

역사를 돌이켜보면 '제국주의'라고 하는 시대가 있었다. 지금의 시점에서 생각해 보면 '제국주의라고 하는 것은 보잘것없는 것이다'라고 생각하는 사람이 많이 있을 것이다. 그러나 1900년의 시점에서 생각해 보면 영국에서 '제국주의가 나쁘다'고 생각하고 있던 사람은 거의 없지 않았을까?

제국주의와 식민주의에는 확실한 논리가 통하고 있었다. "너희들은 열등한 민족이다. 열등한 민족은 자국민 스스로 자신의 나라를 다스릴 수 있는 능력이 없다. 그대로 놓아두면 동족끼리 서로 죽이거나 전염병이 횡행하고, 굶어서 죽는 사람들이 속출할 것이다. 그렇기 때문에 우수한 민족인 영국인이 열등한 민족을 위해서 나라를 통치해 주겠다."고 하는 논리가 있었다. 정말로 친절한 논리가 통했던 것이다.

1900년 시점의 영국에는 천재와 수재가 많이 있었으며, 인격자와 성직자도 많이 있었을 것이다. 그러나 논리라고 하는 것이 확실히 통하고 있는 경우에는, 훗날 그것을 돌이켜 보았을 때 아무리 타당하지 않게 생각되는 것이라도, 어찌된 일인지 인간은 그것을 받아들여 버린다.

국제연맹 규약의 '아름다운 표현'

1919년 제1차 세계대전이 끝난 후에 파리에서 강화회의가 개최되어 거기에서 새롭게 마련된 국제연맹의 규약이 결정되었다. 그 규약의 '위임 통치'에 언급된 조항 중에서 몇 군데를 읽어보면 스스로 통치를 할 수 없는 나라의 사람들을 위해서 통치를 해주는 것은 '문명의 신성한 사명'이라고 하는 취지의 내용으로 명시되어 있다.

'문명의 신성한 사명'이라는 말은 정말 아름다운 표현이다.

그런데 그들은 이것을 믿고 있었던 것일까? 그들도 어쩌면 20세기에 들어와서 20년 가까이 지내는 동안 식민주의의 기만이라는 것을 어렴풋이 깨달았기 때문에, 그러한 아름다운 표현이 필요했을 것이다.

제1차 세계대전이 끝난 후 유럽에서는 우선 '민족자결'이라는 상황을 맞이했는데, 그러한 보기 좋은 논리에 의해 이라크, 요르단, 팔레스타인 등은 영국의 위임통치를 받았고 시리아, 레바논은 프랑스의 신탁통치령이 되었다. 일단 승전국이었던 일본도 독일령이었던 마셜제도, 캐롤린제도 등 남양군도를 위임통치령으로 했다.

파리강화회의가 개최되었을 때 일본이 본격적으로 제안한 '인종평화법안'이 부결되었다. 왜냐하면 흑인들과 일본을 비롯하여 아시아에서 건너간 이주민들을 차별하고 있었던 미국, 식민지를 엄청나게 많이 끌어안고 있었던 영국과 프랑스, 백호주의를 내세웠던 오스트레일리아가 반대를 했기 때문이다. 백인들끼리 평등을 주장하는 것은 좋지만, 아시아와 아프리카 사람들의 평등에는 반대를 했던 것이다. 아시아와 아프리카 사람들은 실망했으며, 백인종이 아니면서 유일한 일등 국가였던 일본은 깊은 원한을 갖게 되었다. 이것은 다가올 태평양전쟁대동아전쟁의 복선을 이루었다.

강대국들은 인종 차별을 계속하기 위해서도 앞에서 언급한 바와 같은 아름다운 표현들이 필요했을 것이다. 인간은 이익을 위해서라면 매우 간단하게 아름다운 표현과 아름다운 논리를 만들어낸다.

지금의 시점에서 생각하면 식민주의와 제국주의라고 하는 것은 단순히 오만한 논리에 지나지 않는다. 그러나 당시에는 확실한 논리가 통하고 있었기 때문에 모두가 거기에 복종했던 것이다. 제국주의가 '정말로 아니다'라고 하는 논리로써 인지된 것은 제2차 세계대전이 끝나고 나서부터였다.

그런데도 깨끗하게 미련을 버리지 못한 채 영국과 프랑스는 제2차 세계대전 후에도 잠시 동안 어떻게든 식민지를 유지하려고 쓸데없는 노력을 거듭했다.

공산주의도 실력주의도 논리의 산물

공산주의도 '아름다운 논리가 통하고 있다'고 하는 점에 있어서는 식민주의라든가 제국주의와 마찬가지이다.

모든 생산 수단을 모든 사람이 공유한다. 그것에 의해서 생산된 생산물도 공유한다. 그렇게 해서 빈부의 차이가 없는 평등하고, 공평하며, 행복한 사회가 만들어진다. 너무도 아름다워서 현기증을 일으킬 것 같은 논리이다.

그러나 현실적으로는 소련이 74년 동안 공산 체제를 유지하는 실험에서 증명해 준 바와 같이 커다란 실패로 돌아갔다. 이것을 두고 '소련의 실패일 뿐이며 공산주의의 실패는 아니다'라고 강력히 항변하는 것은 잘못이다. 공산주의라고 하는 아름답고 훌륭한 논리 그 자체가 인류라고 하는 개체에 적합하지 않다.

현재의 세계를 뒤덮어가고 있는 '경쟁 사회'라든가 '실력주의'도 똑같은 유형이다. 물론 경쟁 사회와 실력주의는 조직의 번영에는 좋은 것일지도 모른다. 어떠한 조직에서도 구성원에게 격렬한 경쟁을 유발시켜서 무능한 자부터 점점 잘라내어 유능한 자만을 남기고, 새로운 유능한 자를 계속해서 채용하는 것이 가장 좋은 방법이다. 논리적으로 이치에 맞는 방법이다.

그러나 그 논리가 사회 전체를 뒤덮고 있는 점을 보면 '잠깐, 그것은 잘못이다!' 하고 큰소리로 말하고 싶은 충동에 사로잡힌다.

철저한 **실력주의**도 **오류**가 있다

　실력주의를 정말로 철저하게 시작한다면 어떻게 될 것인가? 예를 들면 동료는 모두 경쟁자가 된다. 고참 사원은 신입 사원에게 업무의 노하우를 절대로 가르쳐 주지 않게 된다. 가르쳐 주면 결국에는 자신이 뒤처진다. 따라서 항상 적에게 둘러싸여 있다고 하는 매우 불안정한 상황에서 부드러운 마음 자세로는 살아갈 수 없는 사회가 되어 버린다.

　세상의 모든 사람들이 철저한 실력주의에 대해서 찬성을 한다고 해도 나는 반대한다. 종신고용제와 연공서열에 바탕을 둔 사회 시스템을 지지한다.

　물론 연공서열만으로 회사를 유지하는 것은 문제가 될 것이다. 매우 우수한 사람은 여러 단계를 뛰어넘는 특별 승진이라고 하는 제도는 있어도 당연하다고 생각한다. 급여 조건 이외에 특별 대우가 있어도 좋다. 실제로 일본에서도 그러한 방식을 구사하는 제도가 옛날부터 있었다. 그러나 기본적인 것은 경쟁을 일삼는 실력주의가 아닌 연공서열이라든가 종신 고용과 같은 제도로 해야 한다. 그러한 제도가 기반을 이루고 있으면 사회 전체가 부드럽고 안정된 상태가 되어간다. 안정된 사회는 국가의 저력이기도 하며, 실제로 일본은 그렇게 해서 세계 제2위의 경제 대국을 만들었다.

실력주의에 대해서 반대하는 사람은 전 세계적으로 거의 없다. 그 이유는 모양새가 좋지 않기 때문이다. '네가 실력이 없으니까 그렇게 말하고 있는 것이겠지' 하고 생각하는 것이 고작이기 때문에 아무도 반대를 하지 않는다.

이와는 달리 '실력주의를 도입해야 한다'고 하는 의견을 제시하면 모양새가 좋다. 자신은 매우 탁월한 실력이 있는데도 불구하고 모두가 정당하게 평가해 주지 않는다고 하는 뉘앙스를 의외로 풍기고 있기 때문이다. 따라서 경쟁 사회라든가 실력 사회라고 하는 것은 방임해 두면 필요 이상으로 침투해 들어간다. 극단적인 경쟁 사회, 실력주의 사회는 짐승들의 사회이다.

'자본주의의 승리'도 환상이다

　약육강식에 철두철미한 조직을 운영하면 그 조직은 확실히 강해질 것이다. 그러나 앞에서 말한 바와 같이 사회는 안정성을 상당히 상실한다. 미국이 좋은 예이다. 미국은 인구당 변호사의 숫자가 일본의 20배 정도이다. 또 정신치료 카운슬러의 숫자가 일본의 50~60배라고 전해지고 있다. 경쟁사회가 과도하게 팽배해지면 그러한 사람들을 대량으로 필요로 하는 사회가 된다고 하는 것이다.

　'공산주의가 멸망하고 자본주의가 승리했다'고 생각하는 사람들이 많이 있는 것 같은데, 사실은 현행 자본주의에도차 결함이 매우 많이 있다고 나는 생각한다. 그러나 공산주의가 탁상공론을 펼쳤기 때문에 자본주의가 승리한 것처럼 보일 뿐이다.

　자본주의에도 보기 좋은 이론이 통하고 있다. 자본주의적

개인은 각자가 사리사욕을 추구하고 있으며, 이윤을 최대화하기 위해 노력한다. 그러면 그것이 '신의 보이지 않는 손'에 이끌려서 전체적인 조화가 이루어지고 사회 전체가 풍요로워진다. 최근에는 한 걸음 더 나아가서 '시장원리주의'로 전환되었다. 무엇이든지 시장에 맡기면 가장 효율적이며 국가의 개입은 가능하면 최소한으로 하는 것이 좋다. 조금 더 과장해서 말하면 경제에 한정하면 국가는 필요 없다. 국가는 외교, 군사, 치안 등에 관한 행위만 하면 된다는 것을 의미한다.

시장원리주의의 전제 조건은 '우선 공평하게 경쟁하자' 는 논리이다. 공평하게 싸워서 이긴 자가 이익을 모두 취한다. 영어로 말하면 'Winner takes all_{승자독식제}' 라는 표현이다. 공평하게 싸운 결과이기 때문에 전혀 부정적인 면은 없다. 승자가 모든 것을 취해도 상관없는 논리를 의미한다.

그러나 이 논리는 나중에 상세하게 설명하게 될 '무사도정신'에 의하면 '비겁'이라는 것에 해당된다. 큰 사람이 작은 사람과 싸우는 것은 비겁이다. 강한 자가 약한 자를 해치우는 것은 비겁이다. 무사도정신은 그렇게 가르치고 있다.

그러나 시장원리주의에서는 그러한 것에 개의치 않는다. 하나의 원칙만을 소통시키는 일방통행적인 논리로 전체를 통하게 한다.

회사는 주주의 것?

　　시장 원리에서 생겨난 주주 중심주의 역시 마찬가지이다. '회사는 주주의 것'이라는 논리는, 나에게는 무서운 것으로 생각된다. 회사는 말할 필요도 없이 일하는 종업원의 것이고, 주주는 많은 관계자의 하나 정도의 존재에 지나지 않는다. 주주에 따라서는 1주일이나 1개월이나 1년이라고 하는 단기간에 주식을 사고판다. 대부분의 주주는 주식 가격의 등락에 따른 '캐피탈 게인_{자본 취득}'을 노리고 있으며, 그 회사에는 아무런 애정도 가지고 있지 않은 사람들이다. 한편 대부분의 일본 기업 종업원은 그곳에서 오랫동안 일을 하기 때문에 항상 회사의 형편을 생각하고 열심히 일한다. 따라서 '회사는 주주의 것'이라고 하는 표현은 무서운 논리이다.

　　경제 이론으로서 이 주주 중심주의에 논리가 통하고 있다고 하는 것은 인정한다. 그러나 그것은 바람직한 경제 논리가 아니라고 생각한다. 논리적으로 타당한 것과 선악은 별개의 차원이다. 적어도 이 주의가 회사를 불안정하게 하는 요인이 된다는 것은 확실하다고 생각한다.

나는 '무사도정신이야말로 세계를 구출한다'고 생각하기 때문에 주주 주권을 무턱대고 주장하는 사람들에게서 '저속'하고 '비겁'한 인상을 지워버릴 수가 없다. '법에 저촉되지 않는다면 무슨 일을 해도 상관없다'고 하면서 재력에 맡겨서 언론을 매수하려는 사람들이 있는데, 일본인의 과반수가 그에게 박수 갈채를 보내고 있는 것을 바라보고 왠지 절망적인 기분에 사로잡혔다.

디리버티브_{파생금융상품}의 공포

이와 같이 시장 경제가 발전한 결과 일본에서도 빈부의 차이가 커졌다. 장차 언젠가는 현재의 미국처럼 상위 1퍼센트에 해당하는 사람이 국가 전체 부富의 절반 가까이를 점유하는 사태가 발생할지도 모른다.

물론 일본은 공산주의가 아니기 때문에 빈부의 차가 있어도 상관없다. 그러나 너무나도 심한 격차는 사회적인 불공정과 거의 동일한 맥락이다.

내가 '자본주의도 매우 위험한 단계에 도달하고 있다'고 생각하는 이유 중의 하나는 시장 원리의 부산물이라고 할 수 있는 파생금융상품, 말하자면 '디리버티브derivative'라고 하는 상품의 존재이다.

디리버티브는 원래 리스크 헤지risk hedge, 즉 상품 가격과 금리와 환율 등, 행선지가 불투명한 것에 대한 리스크를 회피하기 위해서 모색한 금융 상품을 통칭한 것이다. 그러나 최근에는 이것이 투기 목적으로도 자주 사용되었다.

예를 들면 A씨는 현재 1,000엔의 가격을 지닌 B회사의 주식이 3개월 후에는 가격이 오를 것이라고 생각하고 있다고 가정하자. A씨는 300만 엔밖에 현금을 가지고 있지 않지만 디리버티브를 이용하면 그 300만 엔을 증거금으로 제시하는 것만으로 3개월 후에 B회사의 주식을 현재와 똑같은 1,000엔으로 10만 주 매입 권리를 살 수가 있다.

만일 시세 등락을 예측한 바와 같이 주가가 상승하여 1,500엔이 되었다고 하자. 그렇다면 A씨는 시가 1억 5천만 엔의 주식을 1억 엔에 살 수 있기 때문에 5천만 엔에서 300

만 엔을 제외한 차액을 버는 것이다. 가격이 내려갔을 경우 A씨는 권리를 행사하지 않으면 되고 증거금 300만 엔의 손해를 보는 것으로 끝난다.

한편, A씨가 B회사의 주가는 내려간다고 판단했다고 가정하자. A씨가 앞의 상황과 똑같이 300만 엔의 증거금으로 3개월 후에 현재의 가격과 똑같은 1,000엔으로 10만 주_{총계 1억 엔}의 매입 권리를 팔 수가 있다. 그런데 파는 방식은 300만 엔의 증거금을 받는 대신에 당연히 빠져나갈 수가 없게 된다. 시세 등락을 예측한 바와 같이 가격이 내려가면 매입 방식은 권리를 포기하기 때문에 A씨는 300만 엔을 받을 수 있게 된다. 그러나 역으로 1,000엔의 주가가 1,500엔으로 오르면 아까와는 반대로 시가 1억 5천만 엔으로 주식을 조달하고 그것을 약속한 1억 엔으로 팔아야 하기 때문에 5천만 엔에서 300만 엔을 뺀 차액만큼 손해를 본다.

이것으로 끝나지 않는 경우도 있다. 1,000엔의 주가가 5천엔이 되면 손해는 4억 엔에서 300만 엔을 뺀 차액이 되기 때문이다.

대기업도 서서히 파탄

　디리버티브에는 단지 300만 엔의 원금으로 억 단위의 막대한 손해가 생길 가능성이 있다.

　이것을 '레버리지 효과'라고 한다. 이 레버리지 덕분에 1995년에는 영국의 명문 은행인 베어링스 은행이 28세의 플로어 트레이더가 파생금융상품 불법 거래로 의해 손실이 엄청나게 커서 파산했다.

　그는 2조 엔의 상장相場을 투자하여 7천억 엔의 손실을 보았다고 한다. 1998년에는 LTCM, 2001년에는 엔론Enron이라고 하는 미국에서 가장 잘 알려진 최우량 회사가 디리버티브에 의해서 연달아 파산했다. 엔론의 경우 그 해 여름에는 '최우량'이라는 평가를 받고 있었는데도 불구하고 12월 파산되었을 때에는 5조 엔의 부채를 떠안고 있었다. 당시 경영진의 간부가 디리버티브에 의해서 치명적인 커다란 손실을 발생시킨 것이다.

디리버티브는 권리를 매매해도 손익은 발생하지 않기 때문에 대차대조표에는 기재되지 않는다. 따라서 대기업이 갑자기 파산하는 사태가 발생하는 경우가 있을 수 있다는 것이다.

미국 금융기관이 디리버티브를 이용해서 얼마나 일본 기업을 봉으로 여겼는지는 그 실례로 모건 스탠리Morgan Stanley에서 활약했던 프랭크 파트노이Frank Partnoy가 지은 《대파국Fiasco》에 상세하게 소개되어 있다.

신문 등의 언론에서는 어찌된 일인지 그다지 떠들썩하지는 않았으나, 이 디리버티브의 잔고가 국제결제은행의 발표에 의하면 2004년의 시점에서 1조 엔의 2만 5천 배에 이른다고 한다. 말하자면 2만 5천조 엔이다. 불과 3년 전 잔고의 2.2배인 셈이다. 이 무렵의 10년 동안에 25배에 이르는 무서운 증가를 보이고 있다. 아마 상상할 수도 없는 숫자이겠으나, 2경 5천조 엔에 해당하는 거액일 것이다. 나도 수학자의 한 사람이지만, 이러한 숫자는 대체적으로 '10의 몇 제곱'이라는 수식으로 표기하기 때문에 이렇게 커다란 단위의 액수는 잘 모른다. 그러나 수학자들조차도 표기 방법을 잘 모르는 단위까지 사용해서 금융 상품의 잔고가 부풀려져 있다고 하는 것은 확실히 '이상'하다. 세계 모든 국가의 GDP국내총생

산를 서로 합한 액수의 몇십 배에 달하는 수치이다. 실체 경제와는 너무나도 동떨어진 머니 게임이다.

이미 시한 핵폭탄에

물론 이러한 모두가 투기적인 것만은 아니다. 그러나 리스크 비율을 4퍼센트로 가정해도 1천조 엔이다. 은행과 헤지펀드hedge funds는 디리버티브의 주역이기 때문에 대규모 단위의 디리버티브가 하나라도 파탄에 이르면, 그 순간에 자금의 흐름이 차단되어 연쇄적으로 결제 불능의 늪에 빠지게 된다. 1천조 엔이라는 숫자는 은행의 리스크 허용 능력인 자기 자금 총액의 몇 배에 이른다.

디리버티브는 확률미분방정식이라고 하는 상당히 고차원적인 수학을 이용한 경제 이론에 의하고 있다. 이론의 화신化身이라고 할 수 있으며, 그것이 현상에서는 최대 수준의 시한 핵폭탄과 같은 것이 된다. 그리고 그것이 언제 세계 경제를 엉망진창으로 만들어 버릴 것인지를 늘 숨죽이고 지켜보지 않으면 안 되는 것으로 변화하고 있다. 더구나 어찌된 일인지 이것에 강력한 규제를 가할 수도 없다. 또한 애당초부터 매스컴은 이러한 심각한 문제에 대해서 언급하는 것조차 꺼리고 있다.

이처럼 자본주의가 자본주의의 이론을 추구해 나간 결과, 자본주의 자신이 점점 무너질지도 모르는 상황으로 치닫게 되었다. 여기에 부수적으로 연쇄되는 형태로 물질주의, 금융지상주의가 전 세계를 뒤덮어 버리고 있다.

다시 한 번 강조하고자 하는 것은 '이론을 철저히 하면 문제가 해결될 수 있다'고 하는 사고방식은 잘못된 생각이다.

이론을 철저히 적용하므로써 오늘날 여러 가지 파탄을 발생시켜 버렸다고 할 수도 있다. 왜냐하면 '이론' 그 자체에 내재하는 문제가 있으며, 이것은 영원히 극복할 수 없기 때문이다.

왜 이론을 철저히 적용해도 인간 사회의 문제가 해결되지 않는 것인가? 다음 장에서는 이에 대한 이유를 설명하고자 한다.

제2장
'**논리**'만으로는 세계가 **파탄**한다

영어라고 하는 것은
대화를 하기 위한 수단에 불과하다.
국제적으로 통용하는 인간이 되기 위해서는
우선은 국어를 철저히 다져놓지 않으면 안 된다.
표현하는 수단보다도
표현할 내용을 정리하는 자세가 가장 중요하다.
영어는 더듬더듬 발음하거나 표현이 무뎌도 상관없다.
그리고 내용을 풍부하게 하기 위해서는
확실하게 국어를 공부하는 것,
특히 책을 읽는 것이 필수불가결한 일이다.

들에 피는 제비꽃이 아름답다고 하는 것은 논리로서는 설명할 수 없다.
모차르트 음악이 아름답다고 하는 것도 논리로는 설명이 불가능하다.
그러나 그것은 현실적으로 아름답다.
비겁한 행동을 해서는 안 된다고 하는 것조차도 논리로는 설명할 수 없다.
요컨대 중요한 것의 대부분이 논리로는 설명할 수 없다.

네 가지 이유

어떠한 이론이든 논리적으로 정확하다고 해서 그것을 철저히 관철시켜 나아가면 인간 사회는 거의 필연적으로 파탄에 이른다. 굳이 말할 필요도 없이 논리라고 하는 것은 매우 중요하다. 그러나 논리만으로는 안 된다.

어떤 논리가 정확하고 어떤 논리가 타당하지 않는가에 대한 기준도 없다. 이것은 일상적으로 사용하는 모든 논리에 공통되는 성질이다.

지금부터 그것을 증명해 나가기로 하겠다.

1 논리의 한계

논리만으로 상황을 전개해 나가고자 할 경우에 파탄을 맞이하게 되는 첫 번째 이유는 인간의 논리와 이성에는 한계가 있다는 것이다. 즉, 논리를 관철시켜 보아도 그것이 본질에 부합되고 있는지 없는지를 판정할 수 없다.

내가 미국에서 강의를 하고 있을 당시에 미국 대학생들은 변변히 영어를 쓰지 못했다. 과제를 검토해 보면 영어를 너무도 못하기 때문에 수식 전개를 거들떠보지도 않고 영어 문장을 체크해야 할 정도였다. professor의 'f'를 두 번씩 더블 스펠링으로 쓰는 단순한 표기의 오류는 그래도 봐줄 만한데, 주어가 삼인칭 단수인데 's'를 붙이지 않거나 애당초 주어가 없거나 하여 엉망진창이었다.

그 후 어느 부통령이 'potato'의 스펠링을 잘못 표기하여 웃음거리가 된 적이 있는데, 나는 거기에 놀라지 않았다. 오히려 옛 기억이 정겹게 느껴졌다.

왜 그렇게 영어를 못하는가 하고 학생들에게 물어보니 '영어 시간에 타이핑을 배웠다'고 대답했다. 그들에게 있어서 영어는 국어 시간인데 왜 타이핑을 가르쳤던 것일까? 당국의 평계는 이런 것이었다. "미국 국민들은 고등학교나 대학교를 졸업하고 사회에 진출하면 반드시 타이프를 친다. 따라서 그 타이프를 영어 시간에 배우는 것은 유용하다."는 설명이다.

이렇게 해서 미국 대부분의 고등학교에서는 국어 과목 학점 대신에 타이핑 과목 학점을 따도 무방하게 된 것이다. 그 결과 각자가 원하는 만큼 타이핑은 칠 수 있게 되었으나, 타이핑을 하면서 만들어야 하는 영어 문장력은 붕괴되어 버렸다.

1970년대의 후반이 되면 해군에 입대하는 신병의 25퍼센트가 무기 취급 설명서를 읽지 못했다. 그러자 미국 정부도 다급해서 '이래서는 소련에게 진다'고 하는 위기감을 느꼈고, 1983년에 《A Nation at Risk》라는 홍보 책자를 발간하여 더욱 더 기초적이고 기본적인 교육을 빈틈없이 하겠다는 분위기로 바뀌었다.

미국인들은 모두가 사회에 나오면 타이핑을 한다. 그러니까 타이핑은 반드시 할 줄 알아야 한다. 또한 그렇게 하기 위

해서는 학교에서 가르쳐서 모두가 타이핑을 할 수 있도록 하
자. 이것은 정확한 논리이다. 정확한 논리를 추구해 나가다
가 참담한 결과를 초래하게 된 셈이다.

초등학생에게 주식투자 교육을?

　　미국의 엘리트들은 미국인의 영어를 망가뜨리기 위해서
이러한 일을 생각해낸 것은 아니다. 열심히 생각하고 생각해
서 이르는 결과가 이 정도였다.

　　어리석은 행동은 반복된다. 지금 미국의 초등학교와 중학
교 중에서 약 2만 개의 학교가 주식투자를 가르치고 있다고
한다. 주식투자라고는 하지만 실제로 주식을 사는 것은 아니
다. 예를 들면 오늘 소니사의 주식 3000주를 산다고 가정하
자. 몇 차례나 사고팔기를 하여 3개월 후의 결과를 보겠다고
설정하면, 그 3개월 동안의 퍼포먼스를 겨루는 방식이다. 그
러한 일을 초등학생과 중학생들이 하고 있다.

　　미국의 교육학자들은 그러한 일에 대해서 자화자찬하고

있다. "초등학생들이 신문의 경제란에 눈을 돌리게 되었다."고 한다. 그뿐만이 아니다. '주식 가격을 보도한 곳에까지 눈을 돌리게 되었다' 든가 '사회에 눈을 떴다'고 하는 표현도 나오고 있다.

영어에 어떠한 표현이 있는지는 알 수 없지만, 일본어에서는 이러한 경우에 어떻게 표현하는지에 대해서는 확실한 표현이 있다. "치료할 약이 없다."고 하는 말이다.

초등학생이 신문의 경제란에 눈을 돌릴 필요는 없다. 하물며 주식란에 눈을 돌릴 필요 따위는 전혀 없다. 좀 더 확실히 말하면 사회에 눈을 돌릴 필요도 없는 일이다.

그럴 여유가 있다면 한자라든가 국어를 확실하게 배우고 덧셈, 뺄셈, 곱셈, 나눗셈, 분수, 소수 등을 확실히 배워 두는 편이 좋다. 이렇게 하는 것이 압도적으로 중요하며, 경제와 사회에 대한 것을 생각할 필요는 없다.

주식 교육도 미국의 엘리트들이 심사숙고해서 도달한 결론이다. 일본에서도 이것을 모방하려고 했던 적이 있다. 중학생에게 은행의 구조라든가 채권의 구조 등을 가르치려고 한다. 이것도 문부과학성과 경제산업성, 혹은 초등·중등교육에 진지한 고민을 하는, 교육 의식이 강한 실무자들이 골똘히 생각해서 이르게 된 결과이다.

초등학생에게 영어교육을?

미국에 대한 험담을 장황하게 늘어놓았는데, 일본 역시 비슷한 점이 있는 것 같다. 예를 들면 2002년부터 시작한 '결정판 여유 교육'에 의해서 현재 전국적으로 90퍼센트 이상의 초등학교에서 영어를 가르치고 있다. 내 의견을 말한다면, 초등학교부터 영어를 가르치는 것은 일본을 멸망시키는 가장 확실한 방법이다.

공립 초등학교에서 영어 따위를 가르치기 시작하면 일본에서 국제인이 없어진다. 영어라고 하는 것은 대화를 하기 위한 수단에 불과하다. 국제적으로 통용하는 인간이 되기 위해서는 우선은 국어를 철저히 다져놓지 않으면 안 된다. 표현하는 수단보다도 표현할 내용을 갖추는 자세가 가장 중요하다. 영어는 더듬더듬 발음하거나 표현이 무뎌도 상관없다. 그러나 내용을 풍부하게 하기 위해서는 확실하게 국어를 공부하는 것, 특히 책을 읽는 것이 필수불가결한 일이다.

나에게도 괴로운 경험이 있다. 캠브리지대학에서 연구 생활을 보내고 있었을 때의 일이다. 수학의 노벨상이라고 알려진 필즈상_{Fields Prize}을 취득한 어느 교수와 만나서 자기 소개를 주고받았다. 인사도 하는 둥 마는 둥 하더니 그 교수는 나에게 이렇게 물었다.

"나쓰메 소세키의 작품 《마음》속에 나오는 등장인물인 '선생'의 자살과 '미시마 유키오'의 자살과는 무엇인가 관련이 있는 건가?"

나는 물론 《마음》도 읽었고, 미시마 유키오의 작품도 읽었기 때문에 내용을 알고 있긴 했지만, 이러한 질문에 갑자기 답변할 수 있을 만큼의 준비는 없었다. 더구나 그것을 영어로 설명하지 않으면 안 되는 상황이었다. 무사도가 무엇인지를 설명한 후에 '죽음의 미학'에 대해서 짧은 지식을 동원해서 겨우 얼버무리는 식으로 위기를 넘기긴 했지만, 그가 이해를 했는지 못했는지에 대해서 생각할 자신이 없었다.

톱 엘리트들의 대화 주제

세계의 톱 엘리트라고 하는 자들은 그런 내용을 갑자기 질문하는 경우가 있다. 영국의 역사와 셰익스피어에 대해서는 결코 질문하지 않는다. 그러나 일본의 역사와 문학에 대해서는 아주 구체적인 질문을 던진다. 그렇기 때문에 일본인이 당연히 알아야 할 교양을 확실히 몸에 배이게 닦아두지 않으면 대화를 활기차게 이끌 수가 없다.

일본의 어느 회사원이 이러한 이야기를 들었다. 런던에 주재하고 있는 무역회사 주재원이 어느 단골 고객의 집에 초대를 받아 저녁식사를 하게 되었다. 거기에서 갑자기 이렇게 질문을 해왔다는 것이다.

"일본의 토기시대 유물로 출토된 죠몬식朝文式 토기와 야요이식彌生式 토기는 어떻게 다른가?"

이 질문을 받고 아연실색한 상태에 있었는데, 연이어서 이렇게 또 물어왔다는 것이다.

"몽골족인 원나라가 일본을 두 차례 침략했다. 처음에 침략한 것과 나중에 침략한 것은 무엇이 어떻게 다른가?"

그 사람의 말에 의하면, 영국인들에게는 사람을 시험한다는 음험한 버릇이 있어서, 그러한 질문에 대답을 하지 못하면 다시는 초대하지 않는다는 것이다.

'이 사람은 문화를 모르는 별 볼일 없는 사람이다' 라고 생각하게 되고, 그러면 비즈니스도 끝난다는 것이다.

영어보다도 실속을 차리자

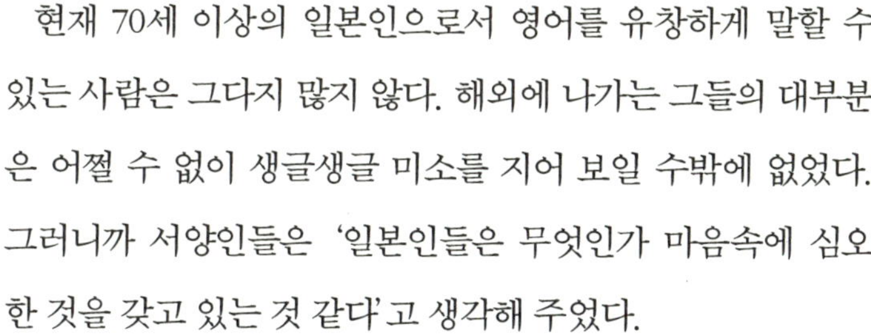

현재 70세 이상의 일본인으로서 영어를 유창하게 말할 수 있는 사람은 그다지 많지 않다. 해외에 나가는 그들의 대부분은 어쩔 수 없이 생글생글 미소를 지어 보일 수밖에 없었다. 그러니까 서양인들은 '일본인들은 무엇인가 마음속에 심오한 것을 갖고 있는 것 같다'고 생각해 주었다.

그런데 최근의 젊은 일본인들은 알맹이는 아무것도 없는

데도 영어는 유창하게 말하니까, 일본인의 알맹이가 비어 있다는 것을 금세 알아차리게 되었다. 내용이 없는데도 영어만을 유창하게 하는 사람은 일본의 이미지를 손상시키고, 깊은 내용을 가지고 있지만 영어에 서툰 대부분의 일본인을 모독하고 있는 것이다. '내용 없이 영어만 유창하게 하는 사람'은 해외여행을 가서 아무 말을 하지 않고 입을 다물어 주었으면 하는 바램이다.

초등학교 교육 과정에 영어 수업을 배정하여 시간을 허비할 여유가 없다. 어쨌든 국어를 강화해야 한다. 열심히 책을 읽게 하여 일본의 역사와 전통문화를 가르치고, 활자문화를 부활시키고, 독서문화를 부흥시켜야 한다. 그러한 방법으로 실속 있는 학습 풍토를 만들어야 하며, 멀리 돌아가더라도 이러한 방법이 국제성을 가진 인간을 만들기 위한 가장 좋은 방법이다.

받아들이는 것은 **원스텝**의 **논리**뿐

국민들이 받아들이는 것은 '국제화 시대이니까 영어를 해야 한다'고 하는 가장 기본적인 원스텝의 논리뿐이다. 어느 주요 일간지의 여론조사에 의하면 초등학교에서 영어를 가르치는 것을 86퍼센트의 국민이 지지하고 있다고 한다. 이렇게 해선 국민이 나라를 멸망시켜 가는 것이다.

중앙교육심의회나 문부과학성이나 교육학자도 이 문제에 대해서 대충 생각하고 있을 리가 없다. 최선을 다하여 몇 차례나 토의를 거듭하고 성심성의껏 지혜를 짜내어, 그 결과로 초등학교에서 영어 따위를 가르친다고 하는 한심한 결론에 다다른 것이다.

심의회 등에 참여하는 자들은 어떤 의미에서는 일본의 지성을 대표하는 전문가들일 것이다. 정말로 그런지 어쩐지는 잘 모르겠지만, 어쨌든 그 사람들이 '국제화에 대응하기 위해서는 어떻게 하면 좋을까'에 대한 것을 논리적으로 생각한 결과가 이러한 상황이다.

　이러한 예를 들지 않아도 인간이 전쟁을 반복하고 있는 것을 보면 논리의 한계는 명확할 것이다. 동서고금을 막론하고 모든 시대, 모든 장소, 모든 사람들이 '이렇게 어리석은 일이 없다'고 눈물을 흘리면서 반성하고도 또다시 반복하여 전쟁을 일삼아 왔던 것이다. 어떠한 전쟁에도 당사자 쌍방에 각각 타당한 논리가 있었다. 전쟁이 분쟁을 해결하는 최선의 수단인지 어떤지는 늘 정확하게 판정할 수 없는 일이었다.

　논리적으로 얻어진 결론은 반석이 아니다. 일단 논리가 통하자마자 안심하고 있는 사이에 때때로 그것보다 더 중요한 것을 망각하거나 다른 해결 방법에 시선을 돌리지 않게 되는 법이다. 논리는 괴물이라고 할 수도 있다.

② 가장 중요한 것은 **논리**로 **설명**할 수 없다

    논리만을 고집하다가 파탄하는 두 번째 이유는, 인간에게 가장 중요한 것이 모두 논리로 설명될 수 없다고 하는 것이다.

    만일 인간에게 가장 중요한 모든 것을 논리로 설명할 수 있다면, 그저 논리만 가르치면 충분할 것이다. 그러나 실상은 그렇지가 않다. 논리적으로는 설명할 수 없지만 매우 중요한 요소들이 많이 있다.

    다른 말로 표현하면 '논리는 세계를 커버하지 못한다'고 하는 것이다. 수학처럼 논리만으로 이론이 구축되어 있는 학문 분야에서도 논리만으로 모든 것에 다다를 수는 없다. 이 사실은 수학적으로 증명되기도 한다.

    1931년 오스트레일리아 출신의 미국인 수학자 쿠르트 괴델 Kurt Godel이 '불완전성 정리'라는 것을 증명한 바가 있다.

　‘불완전성 정리’라는 것은 대체로 말해서 아무리 훌륭한 공리 체계가 있더라도 그 속에 올바른지 올바르지 않은지를 논리적으로 판정할 수 없는 명제가 존재하고 있다고 하는 이론이다. 이론이 타당한지 타당하지 않은지를 논리적으로 판정하는 것이 완전무결하다고 생각하던 수학으로조차도 설명할 수 없는 명제가 엄연히 존재한다는 것을 괴델이 증명한 것이다.

　이 ‘불완전성 정리’가 증명되기까지 동서고금의 수학자는, 특히 수학에 한정하면 어떠한 명제로도 옳은지 옳지 않는지의 어느 한쪽으로 귀결되며, 결국은 언젠가는 어느 쪽인지를 판정할 수 있다고 완전히 믿었었다. 그러나 괴델은 이와 같은 전제를 뒤엎은 것이다. 인간의 머리가 좋지 않기 때문에 판정할 수 없는 것은 아니다. 논리에 의존해서는 영구히 판정할 수 없다고 하는 것이 있다. 그는 그것을 증명해 버렸던 것이다.

살인은 나쁜 것인가?

　'불완전성 정리'는 수학에 국한되지 않고 철학에도 커다란 영향을 주었다. 아리스토텔레스 시대기원전 384년~기원전 322년부터 수학에 있어서나 철학에 있어서나 'A' 또는 'not A'라고 하는 식으로 결론을 내리고 있었다. 1 더하기 1은 2인가, 혹은 그렇지 않은가로 결론을 내리고, 삼각형 내각의 합은 180도인가 혹은 그렇지 않는가의 방식으로 결론을 내리고 있다. 그리고 어느 쪽이 정확한지 지금은 결론을 내리지 못해도 언젠가는 반드시 논리적으로 결론을 내릴 수가 있다고 믿고 있었다. 그런데 '어느 쪽으로든 영원히 결론을 내릴 수 없는 것이 있다'고 하는 점이 수학적으로 증명되어 버린 것이다.

　수학의 세계에서조차도 논리만으로는 설명할 수 없는 경우가 있다. 그리고 일상의 세계에서는 논리로 설명할 수 없는 것이 보통이다.

예를 들면 '사람을 죽여서는 안 된다'고 하는 것마저 논리적으로는 설명할 수 없다.

10년쯤 전에 이러한 일이 있었다. 일교조日教組 : 일본 교직원조합의 교육 연구 집회에서 방청하던 고교생이 모임이 끝날 무렵에 "선생님, 왜 사람을 죽이면 안 되는 겁니까?"하고 질문했다. 거기에 참석한 교사들은 단 한 사람도 그것을 설명하지 못했다. 이에 당황한 문부성 당국은 '사람을 죽이면 안 되는 논리적인 이유를 팸플릿으로 작성 중'이라는 보도를 기사화했다. 나는 그 기사를 읽고 웃어 버렸다.

사람을 죽여서는 안 되는 논리적인 이유 따위는 아무것도 없다. 나에게 한 시간을 할애해 주면 사람을 죽여도 좋은 이유를 50여 가지 정도는 발견할 수 있다. 사람을 죽여서는 안 되는 이유도 마찬가지로 찾아낼 수 있다. 논리적인 방법만으로 설명하라면 좋은 이유도 좋지 않은 이유도 얼마든지 있다.

사람을 죽여서는 안 되는 이유는 '그래서는 안 되니까 안 된다'고 하는 것 이외에는 아무것도 없다. 이에 대한 설명은 '이상 끝'이다. 이것은 논리가 아니다. 이처럼 확실하게 보이는 것이기 때문에 논리적으로는 설명할 수 없는 것이다.

아이즈번의 교훈

　　에도시대江戶時代의 아이즈번會津藩 : 지금의 후쿠시마현에 닛신칸日新館이라는 당시 공립 교육기관인 번교藩校가 있었다. 닛신칸은 전쟁에서 패배한 10대 20명 중 19명이 자결한 것으로 유명한 백호대白虎隊도 가르침을 받았던 적이 있는 교육기관인데, 이곳에 들어가기 전에 제자들에 대해서 강조했던 '십규十規'라는 것이 있었다. 거기에는 이렇게 쓰여 있었다.

하나, 연장자가 말하는 것을 거역해서는 안 된다.
둘, 연장자에게 정중하게 인사를 하지 않으면 안 된다.
셋, 거짓말을 해서는 안 된다.
넷, 비겁한 행동을 해서는 안 된다.
다섯, 약한 자를 괴롭혀서는 안 된다.
여섯, 집밖에서 음식을 먹어서는 안 된다.

무사도정신에 깊숙이 귀의하고 있는 나에게는 일곱 번째
를 제외하고는 납득이 가능한 문구이다. 그리고 이러한 7가
지의 조항에 뒤이어서 이러한 문구로 결말을 맺는다.

요컨대 이 표현은 '묻고 답할 필요가 없는 표현'이며 '해
서 안 되는 것은 해서는 안 된다'고 하는 것이다. 이것이 가
장 중요한 것이다. 모든 것을 논리로 설명하려고 해서는 안
된다. 따라서 '안 되는 것은 안 되는 법이다'라고 하는 가치
관을 요구하는 것이다.

3 중요한 것은 강요하라

정말로 중요한 것은 부모나 교사가 어릴 때부터 강요하지
않으면 안 된다. 대부분의 경우 설명 따위는 필요가 없다. 무

조건 강요해도 무방하다. 물론 어린이는 반발하기도 하고 나중에 다른 새로운 가치관을 찾아낼 지도 모른다. 그것은 그것대로 좋다. 처음에 무엇인가 행동의 기준을 세워주지 않으면 어린이로서는 움직여지지 않는다.

들에 피는 제비꽃이 아름답다고 하는 것은 논리로서는 설명할 수 없다. 모차르트 음악이 아름답다고 하는 것도 논리로는 설명이 불가능하다. 그러나 그것은 현실적으로 아름답다. 비겁한 행동을 해서는 안 된다고 하는 것조차도 논리로는 설명할 수 없다. 요컨대 중요한 것의 대부분이 논리로는 설명할 수 없다.

전후 일본의 학교에서는 논리적으로 설명할 수 있는 것만을 가르치게 되었다. 전쟁 전에 천황은 신이라고 추앙했던 표현인 '현인신現人神' 이라든가 당시의 영국과 미국을 오랑캐로 간주했던 '귀축미영鬼畜米英' 이라든가 하는 표현 등을 남발하면서 너무나도 비논리적인 것을 가르친 반성에 따른 교육 방식이었다. 그러나 너무나도 지나치게 반성한 결과 가장 중요한 것이 온통 결여되어 버렸던 것이다. 논리로 모든 것을 관철시킨다고 하는 것은 영미의 사상이다. 논리로 설명할 수 없는 부분을 확실히 가르친다고 하는 것이 일본의 특색이었고, 또 거기에 일본 국민의 높은 도덕의 원천이 있었던 것이다.

논리에 의해서 초래하는 파탄의 세 번째 이유는 '논리에는 출발점이 필요'하다는 것이다.

논리라는 것을 단순화해서 생각해 보기로 하자. 우선 A가 있다고 가정하고, A라면 B, B라면 C, C라면 D……라는 형태로 해서 최종적으로 'Z'라고 하는 결론에 도달해 간다. 출발점이 A이며 결론이 Z이다. 그리고 'A라면'이라고 할 경우의 '~라면'이 논리이다. 이와 같은 A에서 Z까지 논리의 연속을 통해서 출발점 A에서 결론 Z에 간다.

그런데 이 출발점 A를 생각해보면, A로부터 B를 향해서 논리라고 하는 화살표 기호가 제시되어 있으나 A를 향해서 제시된 화살표 기호는 없다. 출발점이기 때문에 당연하다.

즉, 이 A는 논리적 귀결이 아니라 언제나 가설이다. 그리고 이 가설을 선정하는 것은 논리가 아니라 주로 그것을 선정하는 인간의 정서이다. 종교적 정서도 포함한 넓은 의미의 정서이다.

정서라고 하는 개념은 논리 이전에 형성되는 그 사람의 총체적인 힘이라고 할 수 있다. 그 사람이 어떠한 부모로부터 자랐는가? 어떠한 스승과 교우들을 만나왔는가? 어떠한 소설과 시를 읽고 감동의 눈물을 흘렸는가? 그리고 어떤 식으로 연애, 실연, 짝사랑을 경험해 왔는가? 어떠한 방식으로 슬픈 이별을 경험했는가? 이러한 여러 가지의 사항들이 모두 융화되어 그 사람의 정서 능력을 형성해서 논리의 출발점 A를 선택할 수 있는 것이다.

출발점을 결정한 연후에 종교와 관습에서 오는 틀_{양식}과 전통도 무시할 수 없다. 예를 들면 무사도정신에는 그것을 구현하는 여러 가지 형태의 틀_{양식}이 있다. 측은지심을 갖는다든가, 비겁한 행위를 싫어하는 마음 자세를 갖는다든가, 명예와 성실과 정의를 소중히 하는 마음 상태 등의 틀_{양식}이 여러 가지 있다.

기독교와 이슬람교에도 각각 고유의 틀_{양식}이 있다. 그러한 문화에 유래하는 틀_{양식}로부터 논리의 출발점이 결정되는 경우도 있다. 어찌 됐든 논리의 출발점을 선정하는 것은 논리가 아니라 정서의 틀_{양식}이다.

빵 도둑을 어떠한 식으로 대할 것인가?

　이해하기 쉬운 예를 한 가지 들어 보겠다. 여기에 1주일 동안 아무것도 먹지 않은 남성이 있다고 가정해 보자. 이 남성은 길거리에 나와서 길모퉁이의 빵집 앞에 다가섰을 때 불현듯이 누군가의 빵을 빼앗아 먹고 달아나 버렸다.

　어떤 사람은 이 광경을 목격하고 이렇게 생각한다. '일본은 법치국가이다. 법치국가에서는 법률을 준수해야 한다. 타인의 물건을 아무 말 없이 훔친다는 것은 절도죄에 해당한다. 따라서 법률에 의거해서 처벌을 받지 않으면 안 된다. 그렇게 하기 위해서는 경찰서에 넘기자.'

　용감했던 그는 혹은 그녀는 달아나는 남성의 뒤를 쫓아 달려가서 붙잡거나 혹은 경찰서에 전화하거나 할 것이다.

　그런데 다른 사람들은 똑같은 광경을 목격하고 이렇게 생각한다.

'아아, 불쌍하군. 이 사람은 분명히 남의 물건을 훔쳤다. 그러나 이 남자는 지금 빵을 먹지 않으면 굶어 죽을지도 모른다. 인간의 생명은 한 줄의 법률보다도 소중한 경우도 있다. 그러니까 지금은 보고도 모른 척하고 도망쳐 가게 하자.'

어느 쪽이나 논리는 통한다. 전자는 '일본은 법치국가이다'라고 하는 논리가 출발점이고, 결론은 '경찰서에 넘기자'이다. 후자는 '아아, 불쌍하다'고 하는 것이 논리이고, 결론은 '보고도 못 본 척하여 도망치게 하자'로 이어진다. 양쪽 모두 확실히 논리는 통하고 있지만 출발점 A가 서로 다른 이유로 결론이 달라지는 것이다.

말하자면 논리는 중요하지만, 출발점을 선정하는 것은 그 이상으로 결정적인 요소라고 할 수 있다.

최악의 상태는 '정서 능력이 없는 논리적인 사람'

가장 곤란한 것은 정서가 결여되어 있으면서 논리적 사고 능력은 넘쳐흐르는 유형에 속하는 사람이다.

예를 들어 여기에 머리가 매우 좋은 사람이 있는데, 도쿄 대학 법학과를 수석으로 졸업했다고 가정하자. 당연히 논리적 사고는 으뜸이다. 그러나 오로지 공부만 하다가 도쿄대학에 들어갈 때까지 정서 능력은 별로 검증을 받은 적이 없기 때문에, 이 부분은 그다지 발달한 상황이 아니라고 가정하기로 한다.

만일 그가 출발점 A를 잘못 선정했다고 하자. 물론 그의 논리는 절대로 틀림이 없다. 그러면 그의 논리가 정확하면 정확할수록 결론은 절대적인 오류를 낳는다.

그다지 머리가 좋지 않은 사람이라면 도중에서 논리가 두세 차례 돌고 돌아서 마지막에는 올바른 결론으로 되돌아오기도 하지만, 서툴게도 머리가 좋으면 그대로 다른 결론에 이르게 된다. 머리는 좋은데도 출발점 A를 선정하는 정서 능력이 충분히 갖추어지지 못한 사람의 경우가 매우 위험한 것이다. 현실적으로는 이러한 사람들이 매우 많이 있다.

이와 같은 정서 능력이라든가 혹은 틀_{양식}을 갖추지 못한 사람들이 구사하는 논리는 늘 자기 정당화를 위해서 사용하는 데에 지나지 않는다. 세상에 유포되는 논리의 대부분이 나에게는 자기 정당화를 위한 것으로 보여지기 때문에 나는 그것이 안타까울 따름이다.

숫자의 세계에서 제시되는 출발점은 항상 몇 가지의 공리 체계이다. 공리公理라고 하는 것은 만국 공통으로 통용된다. 동서양 막론하고 조금도 차이가 없다. 온 세계의 모든 사람이 동일한 출발점을 사용하고 있다. 따라서 염려할 것이 아무것도 없다.

그러나 수학의 세계와는 달리 현실 세계에는 공리 체계라고 하는 것이 존재하지 않는다. 각자가 모두 다른 공리 체계를 가지고 있는 것 같다. 받아들이는 교육, 가족 관계, 주거 지역, 자라난 환경, 연령, 성별 등의 모든 것이 하나에서 열까지 이루 말할 수 없이 다르기 때문에 공리 체계는 십인십색이다. 수학적인 공리처럼 진행되는 것이 아니다.

거꾸로 말하면 수학을 아무리 공부했다고 해도 현실적으로 적절한 행동을 할 수 있다고 규정지을 수 없다. 모순으로 가득 찬 설명을 하는 수학자도 많이 있다.

나를 가리키면서 '당신이 가장 대표적인 사람이지 않느냐?'고 하는 비판의 목소리가 여러 분야에 종사하는 사람들로부터 들려올 것 같은 느낌이 들기는 하지만······.

논리의 생명은 **길지** 못하다

논리만을 전개하므로써 파탄하게 되는 네 번째 이유는 '논리의 생명은 길지 못하다'고 하는 것이다.

수학의 경우 조금 어려운 정리定理를 접하게 되면 공리에서 출발한 논리의 축적이 어쩌면 100만 단계 정도의 숫자에 이른다고 생각한다. 'A라면 B, B라면 C'라고 하는 단계가 100만 번이나 계속되어 간다.

수학은 이것으로 확실히 OK이다. 왜 그렇게 긴 논리도 OK인가 하면 수학의 경우 'A라면 B'라고 했을 때는 '완전히 올바르다'라든가 '완전히 거짓이다'라고 하는 두 가지 유형밖에 없기 때문이다. 필연적으로 아주 새하얗거나 혹은 아주 새빨갛거나 하는 둘 중의 한 가지이다. 완전히 올바른 경우를 수학적으로는 '확률 1로서 올바르다'라고 표현한다.

완전히 거짓인 경우는 '확률 0으로 올바르다'고 표현한다.

확률이라고 하는 것은 0에서 1까지의 숫자이다. 절대적으로 올바를 경우에는 1이며, 절대적으로 거짓일 경우에는 0이다. 절반 올바를 경우에는 '확률 0.5로 올바르다'고 표현하게 된다.

그런데 수학적으로 증명에 사용되는 논리라고 하는 것은 각각의 단계 모두가 전부 '1'이다. A에서 B도 1, B에서 C도 1, C에서 D도 1이다. 여기에서 중요한 것은 A에서 Z까지의 논리 체계로서의 신뢰성은 각 단계에서의 확률을 전부 곱한 것에 의해서 측정된다고 하는 것이다.

그러면 수학의 경우는 각 단계가 전부 1이기 때문에 100만 번을 곱해도 그 값은 1이다. 그러나 놀랍게도 어딘가 한 곳에서 착오가 발생하면 수학에서는 그곳이 0이 되어 버린다. 그러면 만일 1이 999999개 있어도 도중에 0이 어느 한 곳에서 발생해 버리면, 그것이 전부 곱해져서 0이 되며 결국 휴짓조각이나 다름없게 되어 버린다. 수학이라고 하는 것은 그러한 세계이다. 통상적으로는 모든 단계가 1이기 때문에 논리의 전개가 얼마든지 길어질 수 있다.

　그런데 일반적인 세상의 논리에는 1과 0은 존재하지 않는다. 절대적으로 옳은 것은 존재하지 않고, 절대적으로 틀린 것도 존재하지 않는다. 새까만 것도 존재하지 않고 새하얀 것도 존재하지 않는다.

　예를 들면 '사람을 죽여서는 안 된다'고 하는 것도 완전히 새하얀 논리라고는 볼 수 없다. 원래 사형이라고 하는 제도가 있어서 합법적 살인이 인정되고 있다. 혹은 전쟁이 발발하면, 가능하다면 적을 많이 죽이는 자가 세상 어디에서나 영웅 칭호를 받는다. 그러므로 사람을 죽여서는 안 된다고 하는 것은 완전히 새하얗지 않다. 다만, 새하얀 색에 한없이 가까운 회색이다.

　통상적으로는 미덕으로 여겨지고 있는 '정직'도 언제나 미덕이라고는 할 수 없다. 진실을 말할 수 없는 때에 어쩔 수 없이 거짓말을 하지 않을 수밖에 없는 경우는 얼마든지 있다. 나의 경우에는 특히 아내 앞에서 그럴 경우가 많다.

바람이 불면 바가지 장수가 돈을 번다?

현실 세계에서는 모든 것이 새하얗지도 않고 새까맣지도 않다. 모든 것이 회색으로 이루어져 있으며 거기에 농담濃淡이 있을 뿐이다. "바람이 불면 바가지 장수가 돈을 번다."고 하는 속담이 있는데, 이 경우는 어떤 것을 의미할까?

바람이 불면 먼지가 난다. 먼지가 나면 눈병을 앓는 사람들이 많아진다. 그러면 맹인이 되어 사물을 볼 수 없는 사람이 많아진다. 사물을 볼 수 없게 된 사람들 중에서 샤미센三味線 : 일본의 전통 현악기을 연주하는 사람이 많아진다. 샤미센을 연주하는 사람이 많아지면 샤미센의 수요가 늘어난다. 샤미센이라는 악기의 공명통에는 고양이 가죽이 사용되기 때문에 고양이 가죽의 수요가 늘어난다. 그러면 마을에서 고양이의 숫자가 줄어든다. 고양이가 없으면 쥐가 늘어난다. 늘어난

쥐들은 목욕탕의 바가지를 갉아먹는다. 그러니까 바가지 장수가 돈을 번다……. 이것은 빈틈없는 논리이다.

그러나 수학적으로 생각해보면 어떤 상황이 전개되는가? 바람이 불면 먼지가 공중으로 떠오르게 된다. 이것은 90퍼센트의 확률을 지닌 정확한 사건으로서, 말하자면 확률이 0.9가 된다. 그런데 그 다음에 먼지가 눈에 들어가서 눈병을 앓게 할 확률은 10퍼센트, 즉 0.1 정도이다. 그 중에서 눈이 안 보이는 사람이 될 확률은 0.001 정도이다. 그 다음에 그 중에서 샤미센을 연주하게 될 확률을 계산하면 0.001이다. 각각의 단계를 전부 곱해 나가면 어쩌면 확률은 1조 분의 1 이하가 될 것이다. 요컨대 현실적으로는 바람이 불어도 바가지 장수는 돈을 벌지 못한다.

긴 논리는 위험하다

이처럼 일반적인 세상에서는 긴 논리라고 하는 것은 매우 위험하다. 모든 단계는 회색이기 때문에 소수점의 곱셈을 여

러 차례나 하게 되며 신빙성은 점점 제로에 가까워진다. 일반적으로 우리는 '이것은 이렇지? 그러니까 결론은 이런 거야. 그 결과 또 이렇게 되는 것이지' 하고 논리를 장황하게 늘어놓는 사람을 보면 따분해지거나 '뭔가 이상하다'고 느끼기도 한다. 긴 논리라고 하는 것을 본능적으로 경계하고 있기 때문이다.

'긴 논리는 위험하다'고 하는 것을 사람들은 본능적으로 알고 있다. 회색에 회색을 몇 차례나 거듭해서 곱하고 있는 것을 알고 있기 때문에 설명을 듣고 있는 동안에 속지 않으려고 조심하거나, 어쩐지 수상한 생각을 하기도 한다.

긴 논리는 사용할 수 없다. 그러니까 현실적으로 논리의 목적 도달 간격은 극단적으로 짧다. 원스텝밖에 안 되는 것 같은 논리가 활기찬 효과를 보인다.

예를 들면 왜 초등학교에서 영어 따위를 가르치겠다는 상황이 대두되었을까? '국제인'을 운운하는 것과 관련이 있다. 여기에서 국제인이라고 하는 것은 해외에서도 인간으로서 경의하는 대우를 받을 수 있는 인간이라고 가정하자. 이런 논리가 전개된다. 말하자면 '초등학교에서 영어를 가르친다 → 영어를 유창하게 할 수 있게 된다 → 국제인이 된다'고 하는 논리이다. 단지 투스텝이다. 이것은 정말 알기 쉬운 내용이다. 그러니까 국민들은 큰 박수를 보내며 그 정책을 지지한다. 그런데 첫 단계의 확률에 대한 정확성은 0.1 이하이다. 미국인일지라도 국제인이라고 판단할 수 있는 사람은 열 명 중에 한 명밖에 없으니까, 다음 단계에서도 0.1 이하이다. 곱하면 0.01 이하가 되며 신뢰성이 없는 논리가 된다. 논리라고 하는 것은 이렇게 짧은 단계에서도 위험한 것이다. 같은 투스텝일지라도 '초·중학교에서 국어를 강화하여 독서를 장려한다 → 인간의 내용을 충실하게 한다 → 국제인이된다'고 하는 도식이 훨씬 신뢰성이 높다.

그런데 논리라고 하는 것은 통하게 되면, 어찌된 일인지 쾌감이라고 하는 것을 얻을 수 있기 때문에 듣는 순간 거기에 도취해 버린다. 각 단계별 신뢰도를 양적으로 생각하려고 하지는 않는다. 설령 영어의 논리와 국어의 논리를 모두 예로 들어도 모두 논리적인 것이기 때문에 어느 쪽이 좋은지를 논리적으로 선택할 수 없다. 실은 양적인 사고를 하기 위해서는 지식과 정서, 그리고 전체적인 면을 바라보는 관점이 필요하다.

인도에서 왜 소프트 산업이 성황을 이루는가?

'정보 사회이니까 컴퓨터를 가르치자'고 하는 논리도 앞에서 말한 것과 매우 유사한 단순한 이치이다. 초등학교 때부터 어쨌든 그저 컴퓨터를 가지고 놀게 되면, 컴퓨터를 개발할 수 있는 사람이 되지 못한다.

소프트웨어를 만들기 위해서는 논리적 사고를 확실하게 마련해 두지 않으면 안 된다. 초등학교에서 확실하게 산수를 공부하고, 중·고등학교에서 철저하게 수학 공부를 하지 않으면 컴퓨터를 설계하거나 소프트를 작성하는 기술자가 일본에서 사라져 버린다.

최근 인도의 소프트웨어 설계자가 세계적으로 주목을 받고 있는데, 그들이 존재해 온 방식은 우리에게 좋은 교훈이다. 도대체 그들 중 몇 사람이 초등학교에서 컴퓨터를 만졌던 것일까? 인도라고 하는 나라는 그들이 성장할 무렵의 통계인데,

매년 다섯 살 미만의 어린이 300만여 명이 굶어 죽어가는 나라이다. 컴퓨터 따위의 소동은 없었다. 10년 전 내가 인도를 방문했을 때도, 인도 남부의 초등학생들은 노트를 살 돈이 없었기 때문에 모두 자그마한 돌판을 껴안고 거기에다 읽기와 쓰기를 배웠었다.

그러한 나라에서 자라난 사람들이 어쩌면 그렇게도 훌륭한 소프트웨어 기술자가 되어서 세계적으로 활약하고 있는 걸까? 그것은 인도의 초등학교, 중학교, 고등학교의 수학 실력이 훌륭하기 때문이다.

예를 들면 인도의 대부분의 주州에 있는 초등학교에서 곱셈을 '19×19'까지 암기시키고 있다. 일본에서는 '구구단'만을 가르치지만, 인도에서는 '19×19단'까지 가르치고 있다. 그렇기 때문에 인도에 가면 시골의 아무리 볼품없는 가게 종업원도 거스름돈을 순식간에 계산해서 거슬러주는데 결코 착오가 없다. 그 광경을 바라본 일본인들은 '이렇게 볼품없는 옷차림을 하고 있어도 괜찮을까?' 하고 내심으로 걱정하고 있는데, 물론 괜찮다. 누더기를 걸치고 있어도 계산만큼은 절대 틀림이 없다. 나보다도 훨씬 빠르고 정확하다.

중·고등학교에서 가르치고 있는 수학도 일본보다도 2, 3년이 빠르다. 그러한 기초와 기본을 확실히 갖추고 있기 때문에 우수한 소프트웨어 기술자가 많이 배출되고 있는 것이지 '초등학교 때부터 컴퓨터를 가르치자'라고 하는 논리와는 아무런 상관이 없다.

짧은 **논리**는 깊숙한 곳까지 **도달**하지 못한다

논리는 길게 뻗어나아가 비로소 깊숙한 곳까지 도달한다고 하는 성질을 가지고 있는데, 앞에서도 언급한 바와 같이 일상의 논리는 길면 위험하고 전혀 쓸모가 없어진다.

한편, 짧은 논리라고 하는 것은 깊숙한 곳까지 도달하지 못한다. 따라서 논리라고 하는 것은 본래 효용성이 거의 없다. 그런데도 인간은 논리를 매우 좋아하며, 논리는 세상에 널리 퍼져 있다. 거의 모두 원스텝이거나 투스텝의 논리이다.

예를 들어 '이지메'가 있다고 가정하자. 그러면 모두 곧바로 '모두 사이좋게 지내자'고 말한다. 이 논리 표현은 그야말로 이해하기 쉽다.

그러나 조금이라도 사회생활을 해본 사람들이라면 '모두

사이좋게 지내자'고 하는 행위는 실현 불가능하다고 하는 점을 알고 있다. 어떠한 조직일지라도 싫어하는 대상은 있기 마련이다. 앞을 보아도 뒤를 보아도 싫은 녀석은 싫은 녀석일 뿐이다. 그러한 자신이 가장 싫어하는 녀석, 그것이 흔히 있을 수 있는 것이 보통의 현상이다.

최근에는 '이지메'가 있다고 해서 학교에 카운슬러를 배치하기도 한다. 논리적으로는 이해하기 쉽다. 이것은 미국 쪽이 앞서 있으며, 많은 학교에 카운슬러라든가 스쿨 사이컬러지스트_{학교 임상심리사}가 있다. 그러나 이들이 학교에 배치되어 있다고 해서 이지메가 줄어들지는 않는다.

'비겁'한 행동을 하지 않는 자세를 가르쳐라

이지메에 대해서 무엇을 어떻게 해야 할 것인가? 카운슬러를 배치한다는 따위의 조치보다는 무사도정신을 본받아서 '비겁'한 행동을 하지 않는 자세를 가르쳐야 한다. '이지메 현상이 많으니까 카운슬러를 배치하자'고 하는 단순한 논리

에 비해서 '이지메 현상이 많으니까 비겁한 행동을 하지 않는 자세를 가르치자'고 하는 것은 논리적이지 않기 때문에 국민들에게 설득력이 없다.

그러나 이지메를 진정으로 줄이고 싶다면 '여러 사람들이 한 사람을 괴롭힌다면 이유 여하를 막론하고 비겁한 행동이다'라는 것을 철저하게 강조해 두지 않으면 안 된다. 설령 괴롭히고 있는 쪽의 아이들이 깨끗하고 올바르고 아름다우며, 오히려 이지메를 당하고 있는 쪽의 아이가 성격이 비뚤어져 있으며 거짓말쟁이라고 해도 이지메는 철저하게 금지되어야 한다.

'그런 녀석이라면 많은 사람들이 제재를 가해도 무방하지 않느냐'고 하는 것은 논리상의 이야기일 뿐이다. '비겁'한 행위는 그러한 논리를 초월해서 어쨌든 '안 되기 때문에 안 된다'고 하는 것이다. 이 세상에는 논리에 부합되지 않지만 중요한 것이 있다. 그것을 철저하게 강조할 수밖에 없다. 이지메를 하는 비겁한 자는 살아갈 가치조차 없다고 하는 것을 철저하게 강조해야 한다.

그러나 정부나 관료나 '지식인'이라고 하는 사람들도 전쟁이 끝난지 이미 60년이 지난 지금의 시점에서는 '논리적으로 설명할 수 있는 것만을 가르친다'고 하는 교육을 받은 사람들만으로 이루어져 있다.

논리가 통하는 것은 머리에 산뜻하다. 그렇기 때문에 사람들은 이와 같이 금세 이해할 수 있는 논리, 즉 원스텝과 투스텝의 논리를 따라간다. 그렇기 때문에 사물의 본질에 도달하지 못한다. 이지메에 대한 문제가 전형적인 케이스이다. 복잡하게 뒤얽힌 문제의 해결을 하고자 한다면 인간성에 대한 깊은 통찰력이 필요하게 된다.

실은 원스텝과 투스텝의 논리가 횡행하며 날뛰는 풍조는 비단 일본뿐만이 아니다. 모든 세계가 여기에 허덕이고 있다. 서구의 지배를 지지해 왔던 요소가 바로 이 논리論理와 합리合理인데, 실은 이러한 모든 것은 대부분 원스텝과 투스텝의 논리로 뒤범벅되어 있다.

제3장
자유, 평등, 민주주의를 다시 생각한다

인간에게는
원래 자유라고 하는 것이 존재하지 않는다.
그것은 당연한 일이다. 태어나는 순간부터 인간에게는
자유가 없다. 그야말로 엄청나게 두꺼운 육법전서가 있으며,
여기저기에 얽혀진 그물망처럼 법률이 곳곳에 연결되어 있다.
법률 이외에도
도덕이라든가 윤리라고 하는 가치관도 존재하고 있다.
우리의 행동과 언론은 전면적으로 규제를 받고 있는 셈이다.

'삼권분립'은 근대 민주주의 제도의 기본이 되었지만,
현실적으로는 이러한 입법, 행정, 사법, 세 개의 권력조차도
지금은 제1의 권력이 되어버린 매스컴의 아래에 위치해 있다.
정치에 있어서는 '포퓰리즘'이라고 하는 표현이 자주 언급되는데,
민주주의 국가에서 이 만큼 매스컴이 발달하면
행정이 포퓰리즘으로 흐르는 것은 거의 필연적인 일일 것이다.
입법도 마찬가지이다. 입법을 담당하는 것은 정치가이며,
그 정치가를 뽑는 것은 국민이기 때문이다.

서구인들의 '논리의 출발점'

    나는 앞 장에서 세상은 '논리만으로는 인간 사회의 문제를 해결할 수 없는 점'에 대해서 네 가지의 이유를 바탕으로 설명했다. 이것은 서양인들에게는 좀처럼 이해할 수 없을 것이다. 산업혁명 이후 문명의 발전은 눈부셨으며, 그 근저에는 모두 논리와 합리에 대한 신뢰가 있었기 때문이다.

    굳이 표현한다면, 서양인들은 이처럼 너무나도 눈부시게 문명이 발전한 탓에 논리라든가 근대적 합리 정신을 과신해 버렸던 것이다. 문제는 원래 과학기술의 영역에서만 유효하게 통용되는 논리와 합리를 널리 확장시켜 인간 사회에까지 적용시켜 버렸다는 점이다.

    앞에서 '논리에는 출발점이 필요하다'고 강조했는데, 서구가 근대 사회를 구축할 때 '논리의 출발점'으로 삼았던 대부분의 개념이 나에게는 어쩐지 확실하게 다가오지 않는다.

확실하게 다가오지 않았던 개념 중에 가장 먼저 떠오르는 것이 '자유'라고 하는 것이다. 지금 자유를 부정하는 사람은 세계 어디에도 없을 것이다. 그러나 나는 '자유라고 하는 단어는 불필요하다'고 생각하고 있다.

일본의 중세시대에는 자유라고 하는 말이 '방자함'이라는 의미와 동일하게 자주 사용되었다. 14세기에 집필된 유교 사상과 노장 사상이 강조된 수필집인 《쓰레즈레구사徒然草》에서도 그런 내용을 담고 있는 것으로 기억하고 있다.

일본 국민이 자유를 뚜렷하게 제한받고 있었던 전시 중에 대두된 반동反動의 시기부터 '자유'가 강조되어 왔다. 또한 자유를 국시로 삼은 미연합군 총사령부에 의한 점령 통치의 시기에도 '자유'가 강조되는 등, 기회가 있을 때마다 '자유'가 강조되어 왔다. 헌법과 교육기본법을 비롯해서 여러 가지 법률에도 인간의 기본적인 권리로서 '자유'가 명시되어 왔다. 그러나 결국 자유에 대한 강조는 '방자한 행위의 조장'에 연결되는 것 이외에 아무것도 아니었다고 할 수 있지 않을까? 이 '자유'라고 하는 이름의 괴물 덕분에 일본의 전통적인 도덕성이라든가 일본인이 오랫동안 배양해 온 전통적인 틀양식이라고 하는 것이 상처를 받게 되었다.

인간에게는 원래 자유라고 하는 것이 존재하지 않는다. 그것은 당연한 일이다. 태어나는 순간부터 인간에게는 자유가 없다. 그야말로 엄청나게 두꺼운 육법전서가 있으며, 마치 그물망처럼 법률이 여기저기에 연결되어 있다. 법률 이외에도 도덕이라든가 윤리라고 하는 가치관도 존재하고 있다. 우리의 행동과 언론은 전면적으로 규제를 받고 있는 셈이다.

'자유'는 서구가 만들어 놓은 '픽션'

내 생각에는 아무래도 우리에게 필요한 자유는 권력을 비판할 자유뿐이라고 생각한다. 그리고 그 이외의 의미로 규정

된 자유는 모두 폐기해도 좋고, 또 폐기하는 것이 인류의 행복을 위해서도 좋다고 생각된다.

권력을 비판할 자유가 완전하게 보장된다면 다른 것은 제한되어도 좋다. 원래부터 싫은 녀석을 때리거나 할 자유도 없고, 길가에 서서 방뇨를 할 자유도 없다. 나에게는 여러 가지 사정으로 애인과 꿈 같은 생활을 할 자유조차 없다. 대부분의 자유는 폐기할 절차마저도 애당초부터 없거나 확실히 제한되어 있는 것이다. 자유는 서구가 만들어 놓은 '픽션'에 불과하다.

궁극적인 자유라고 하는 것은 17세기 영국의 사상가인 토마스 홉스Thomas Hobbes, 1588~1679가 언급했던 자연권이다. 이것은 '모든 사람이 각자 자기 생존을 위해서 무엇이든지 할 수 있는 자유'를 의미한다. 그러나 이 자연권을 인정하면 '만인의 만인에 대한 투쟁'이 시작되며, 무질서와 야만과 혼돈으로 가득 찬 세계가 된다. 이것을 만인이 포기하고 어느 기관에 위탁을 하는 형식을 취하게 되는데, 이 기관이 바로 국가라는 것으로서 소위 홉스의 '사회계약론'이다.

말하자면 국가라고 하는 것은 인민이 자유를 포기한 상태를 말하는 것이다. 아무런 자유도 없다고 하는 것은 지나친 표현이지만, 다음 세대에 출현하게 되는 존 로크John Locke,

처럼 '타인의 자유와 권리를 침해하지 않는 한 누릴 수 있는 자유'라고 하는 사상보다는 홉스 쪽이 본질을 꿰뚫고 있다. 왜냐하면 로크의 설이 올바르다면 원조교제도 OK라는 해석을 타당하게 할 수 있기 때문이다.

대사상가 존 로크의 무책임한 발언

존 로크라는 사상가는 거물 중의 거물에 해당하는 사상가이다. 특히 1688년의 명예혁명을 옹호하고 왕권신수설을 부정하기 위해서 집필한 《통치론》, 정확하게 표현하면 《제2통치론》은 오늘날까지 세계를 규정할 정도로 영향력을 가진 저술이다.

그는 노동에 의해 얻어진 것에 관한 재산권과 소유권을 처음으로 확정하고, 홉스와는 달리 국가라고 하는 것은 국민의 자유롭고 평등한 계약에 의해서 만들어진다고 서술했다. 그것이 바로 국민 주권이다. 저서에는 "인간은 태어나면서부터 완전한 자유를 갖는다. 인간은 모두 평등하고 다른 어느

고 주장하기도 했다.

그리고 개인은 자유롭게 쾌락을 추구해도 좋으며, 그 이유는 전능한 신이 사회에 조화를 가져다주기 때문이라고 주장하기도 했다. 참으로 무책임하고 엉터리 같은 발언이다. 로크야 말로 자유주의, 공리주의, 근대 자본주의의 원조라고 해도 지나치지 않는 인물이다.

그런데 로크가 이러한 발언을 하게 된 배경에는 16세기의 종교개혁에서 비롯된 프로테스탄티즘, 그 중에서도 칼뱅주의가 있다.

이 칼뱅주의 최대의 특징은 칼뱅John Calvin이 지은 《기독교강요綱要》에 제시된 '예정설'이다. 이것은 구원을 받을지의 여부는 신의 의지에 의해서 미리 예정되어 있다고 하는 설이다. 구원이라고 하는 것은 신의 나라에서 영원한 생명을 부여받았다고 하는 것이다. 인간이 아무리 선행을 거듭하고, 아무리 인격을 도야하며, 아무리 높은 지위에 도달해도, 아무리 교회에 귀의하여 기도를 올려도 구원의 여부와는 관계가 없다는 것이다.

교회의 권위를 부정하려고 한 나머지 칼뱅이 주장한 본래의 의도가 이러한 지경에 이르게 되었을지도 모른다. 그러나 아무리 극악무도한 자일지라도 구원받게 되어 있는 자는 구원을 받는다고 하는 주장은 우리들이 이해할 수 있는 한계를 초월한다. 이에 비해서 불교에서는 기본적으로 선을 행한 자라든가 부처를 열심히 외치는 사람만이 구원을 받는다고 하는데, 이것은 이해하기 쉬운 논리이다. 왜냐하면 불교에서는 인과율에 의해서 설명하고 있기 때문이다.

칼뱅주의와 자본주의

　칼뱅주의는 유럽에서도 이해하기가 어려웠었던 것 같다. 네덜란드, 프랑스, 영국 등에서는 이것을 믿어야 하느냐 마느냐에 대해서 프로테스탄트 사이에 대논쟁이 벌어졌으며, 교회의 분열 등을 불러 일으켰다. 루터파마저도 이러한 무자비한 설을 믿지 않았다. 악행에 의해 구원받게 되거나 회개나 경건한 신앙에 의해 새로이 구원을 받는 경우도 있다고 생각했기 때문이다. 《실낙원》으로 유명한 존 밀턴조차도 "비록 지옥에 떨어진다 할지라도 나는 이와 같은 신을 믿을 수가 없다."고 했다.

더구나 신에 의한 영원한 축복이라고 하는 것을 인생의 목표처럼 생각하고 있던 종교개혁 시대에 살았던 일반인에게 있어서 예정설은 충격적인 논리였다. 구원을 받을 수가 없다고 하는 것이 태초에 정해져 있었다면, 신으로부터 구원을 받을 수가 없고 교회에서도 구원을 받을 수가 없기 때문에 사람들은 비참한 고독감을 느끼게 된다. 어떻게 해서든지 '구원의 확증'을 얻고 싶다고 열망해도 신의 의지를 확인할 방법이 없다. 일일이 캐물으며 확인하는 것조차도 불손한 행위였다.

그래서 그들은 '자신은 어디까지나 구원받는 쪽에 들어가 있다고 확신하고 있었으며, 의혹이 솟구치면 그것은 악마의 유혹으로 간주하여 거절'하게 되었다. 그리고 그러한 자기 확신을 구하기 위해서 '신으로부터 의무로서 부여받은 직업천직에 노력'하게 된다. 신이 만든 질서 있는 사회가 순조로이 기능을 발휘하게 하는 것은, 신의 영광을 확장시켜 가는 것이기 때문에 구원의 불안으로부터 빠져나와 자기 확신으로 연결된다고 하는 사상이다. 인간은 이익을 얻을 수 있는 기회가 있으면 그것은 신의 의도에 의해서 주는 것이기 때문에 적극적으로 그 기회를 살려 나아가지 않으면 안 된다고 여겼으며, 그들은 결국 돈을 버는 데에 윤리적으로 영광을 부여받은 것이다.

다만, 금욕적인 칼뱅주의에서는 인간은 벌게 된 돈을 사치스럽게 써서는 안 된다. 그 돈을 생산과 서비스의 효율을 높이는 데에 사용하고, 생산과 서비스를 향상시키는 것이 인인애隣人愛, 즉 이웃 사랑인 것이다. 그때까지 불결했던 금전은 코페르니쿠스적 전환에 의해서 '신성한 것'으로 인식이 바뀐 것이다. 가톨릭과 그리스 정교에서는 지금도 금전은 불결한 것이다. 이렇게 해서 시장 경제를 활보하는 자기 확신에 가득 찬 금전 지상주의자들이 탄생한 것이다.

로크가 "개인은 쾌락을 추구해도 좋은데, 그 이유는 전능하신 신이 사회에 조화를 가져다 주기 때문이다."고 하는 중대 발언을 했던 것은 말하자면 칼뱅주의에 있는 예정설의 과정 속이었다. 서구인들이 로크를 '근대 자본주의의 원조'라고 한 이유는 소유권과 재산권을 확정한 것뿐만이 아니라 이러한 중대한 발언을 했기 때문이다.

경제학의 출발점이 된 아담 스미스Adam Smith, 1723~1790와 그 후계자들은 "개인은 이기적으로 이윤 추구를 하면 신의 보이지 않는 손에 의해서 사회의 번영이 달성된다."고 했는데, 이것이 로크의 경제에 대한 인식 패턴인 것은 분명하다.

프로테스탄티즘, 특히 칼뱅주의가 자본주의를 발달시켰다

고 하는 견해는 막스 베버가 《프로테스탄티즘의 윤리와 자본주의의 정신》에서 밝혔던 내용이다. 확실히 가톨릭 국가인 스페인, 프랑스, 이탈리아 등의 나라들보다 프로테스탄트 국가인 독일, 영국, 미국 등의 나라들이 번영했다.

제퍼슨의 위선

　자유와 평등 사상은 미국의 독립선언에 다시 등장하는데, 이 점에 대해서는 거의 코멘트하려고 하지도 않는다. "우리들은 다음의 사실을 자명한 것으로 믿는다. 모든 인간은 평등하며, 신에 의해서 생존, 자유, 그리고 행복의 추구 등 침해당할 수 없는 권리를 부여받고 있다."고 하는 말을 들어도 오히려 나는 '서른두 살의 버지니아 주 의회의원인 토마스 제퍼슨은 그렇게 생각하고 있구나' 하고 느낄 뿐이다.

　자명하다고까지 생각되는 것에 신을 들이대어 언급하는 것에 대해서 나는 '그것은 제퍼슨의 신앙이겠지'라고 할 수밖에 없다. 이와 더불어서 자유와 평등의 챔피언이라고 할 수도 있는 제퍼슨은 나중에 제3대 미국 대통령이 되는데, 미국의 선주민들을 대대적으로 박해하고 흑인 노예를 100명 이상이나 소유하고 있었다. 최근에 제퍼슨 가에서 일하고 있던 노예의 자손은 제퍼슨의 자손일 가능성이 있다고 하는 사실이 DNA 감정 결과에 의해 판명되었고, 유명 과학 잡지 등에도 발표되어 화재를 그러모은 적이 있다.

미국의 독립선언이 앞에서 언급한 존 로크의 말을 재탕해서 만들어냈다는 사실은 한눈에 보아도 알 수 있다.

존 로크의 《통치론》이 저술된 시기부터 1세기에 가까운 세월을 거친 1776년이라고 하는 시기는 미국 독립선언과 아담 스미스의 《국부론》이라고 하는 로크의 망령이 온통 설치던 해였다.

로크가 말하는 자유와 평등은 왕권신수설을 부정하는 퓨리턴들의 생각에 불과하며, 내가 보기에는 거의 대부분이 독단이라는 생각이 든다. 이론적인 근거라고 말할 수 있는 것이 없다. 그렇기 때문에 제퍼슨은 신神을 들고 나왔을 것이다.

자유라든가 평등이라는 개념은 신이 없이는 그 실태를 조리 있게 설명할 수 없다. 나는 이러한 방법론은 관습과 공공질서 및 미풍양속, 정서와 틀양식 등을 무시하고 있는 점에서, 치명적인 결함을 내포하고 있는 신에게 신세를 지고 있는 픽션이라는 것 이외에 아무것도 아니라고 생각한다. '인간의 존엄'이라든가 '휴머니즘'이라든가 '인권'이라는 듣기에 부드러운 아름다운 단어도 근본을 거슬러 올라가면 칼뱅주의라는 신앙에 지나지 않는다. 다른 말로 바꾸어 말하면, 로크에 의한 그 의심쩍은 확대 해석이다. 얼핏 보기에 이론적이라고 생각할 수 있는 자유라든가 평등이라는 가치관도 논리의 출발점은 이렇게도 무책임한 것이었다.

민주주의는 훌륭한 것인가?

　민주주의라고 하는 개념도 동일한 양상을 띤다. 여기에도 훌륭한 논리만은 통용되고 있다. 모든 세계는 봉건주의의 멍에 내지는 독재자의 폭정에서 벗어나서 민주주의의 체제를 확립해 왔다. 그러니까 민주주의는 훌륭하고 이상적인 것이라고 모든 세상 사람들이 믿고 있다. 근본을 거슬러 올라가면 어디에 도달하든 상관이 없으며 좋은 게 좋은 것이 아니겠느냐 하는 태도를 보인다.

민주주의의 근간은 물론 국민주의이다. 그리고 또한 그것은 주권재민이다. 존 로크의 사상이 원조라고 해도 민주주의를 최초로 실천한 것은 미국이었다. 프랑스 대혁명이 일어난 후에 미국을 방문한 프랑스의 토크빌 M. Tocqueville 은 그의 저서《미국의 민주주의》에서 주권재민에 대해서 감탄하고 있다. 그러나 이것은 정말로 훌륭한 것일까?

주권재민에는 대전재 大前提 가 있다. 그것은 '국민이 사물에 대해서 성숙한 비판을 할 수 있어야 한다'고 하는 것이다. 이 경우 민주주의는 불평 없는 최고의 정치 형태가 된다.

국민이 **전쟁**을 희망한다

그러나 국민이라고 하는 자들은 도대체 성숙된 비판을 할 수 있는 걸까?

예를 들면 제1차 세계대전은 왜 일어났는지를 알아보자. 발단은 오스트리아 헝가리제국의 황태자인 페르디난트가 사라예보에서 세르비아인에게 살해되었던 것에서 비롯되었다. 이것을 본 대중들이 열광하여 부다페스트에서는 사람들이 '세르비아의 돼지들에게 살해당했다'고 외쳤으며, 빈에서는 신문 보도에 '강도와 살인마의 세르비아'라는 기사가 실렸다. 세르비아의 정부가 개입했다고 하는 것을 입증하는 어떠한 증거도 없었는데도 그러한 상황이 빚어진 것이다. 이러한 여론에 휩쓸려 암살 사건이 발발한 지 한 달 후에 오스트리아 헝가리제국은 '국지전으로 끝낼 수 있다'고 하는 판단을 내려 세르비아에 선전포고를 했다.

그런데 여기에 러시아가 분기했으며, 거기에 대해서 독일이 분기했고, 러프동맹露佛同盟, 1894에 의해서 프랑스가 참전했고, 영불동맹英佛同盟, 1904에 의해서 영국까지 참전하게 이르렀다. 각국에서 지원병들이 장사진을 이루었고 그러한 사람들이 '쳐부수자, 쳐부수자'고 하는 목소리를 점점 더 드높였다.

반전을 외치던 자들은 매국노로 낙인 찍혀 암살당하기도 했다. 어느 나라에서나 일상생활의 막연한 불만을 해소하려는 것처럼 국민의 전의를 부추기는 분위기가 진정될 기미를 보이지 않았던 것이다.

사라예보의 사건이 일어난 시점에서 유럽의 군주와 수뇌들 사이에서 대전쟁을 치루려고 생각하고 있던 사람은 단 한 사람도 없었다. 주요 국가들 사이에는 원래 영토 문제나 이데올로기 문제가 거의 없었다. 그런데 국민들이 대소란을 피운 결과 외교상으로 수습을 하지 못하게 되어 대전쟁이 발발해 버린 것이다. 민주주의 국가라는 연유에 의한 주권재민이 전쟁을 불러일으키게 되었고, 그 결과 제1차 세계대전에서 850만여 명이 희생을 당했다.

민주 국가가 히틀러를 낳았다

제2차 세계대전도 동일한 맥락에서 발발했다. 제2차 세계대전은 독일이 여기저기를 침략해서 발발한 전쟁이다. 그 원인은 '독일이 전체주의 국가였기 때문'이라는 이야기를 하고 있는데, 제1차 세계대전 후, 즉 바이마르 시대의 독일은 확실한 민주주의 국가였다. 바이마르 헌법은 주권재민, 삼권분립, 의회제 민주주의를 구가한 획기적인 제도였었다. 그러한 민주적인 제도에 의해서 실시된 선거에서 1932년 히틀러가 이끄는 나치당이 제1당이 된 것이다.

그 후에도 독일 국민은 항상 히틀러를 지지했다. 독일은 제

1차 세계대전 후의 베르사유조약에서 군용기를 보유해서는 안 된다고 하는 등, 확실하게 군비 제한을 강요받았지만, 그것을 파기하고 강력한 재군비를 하기 시작했기 때문에 1933년 국제연맹을 탈피한 것이다. 그 당시의 국민투표에서는 95퍼센트의 지지를 얻었다. 1936년에 비무장 지대인 라이란트에 진주했을 때에는 98퍼센트, 1938년에 오스트리아를 합병했을 때는 99퍼센트의 국민이 찬성표를 던졌다.

정신분석학자로서 나치스에 의해 내몰린 에리히 프롬은 《자유로부터의 도피》에서 자유와 민주주의 속에서 히틀러가 대두한 이유를 심리학적으로 이렇게 분석하고 있다.

"자유라고 하는 것은 귀찮은 존재이다. 시종일관 이것저것 스스로 생각하고 선택해야 할 여러 가지 중에서 한 가지를 선택해야 한다는 작업을 해야 하기 때문이다. 이것이 점점 규모가 커지면 점차적으로 누군가에게 일체의 사항에 대해서 결정을 해달라고 하게 된다. 그리고 이것이 결국 독재자에게 연결된다."고 피력했다.

히틀러는 독주했다기보다는 국민들을 선동하는 수완을 발휘하여 결과적으로 압도적인 지지 속에서 행동을 했던 것이다. 말하자면 그는 민주주의, 즉 주권재민을 마음대로 조종하게 된 희대의 마술사였던 것이다.

일본도 **민주 국가**였다

일본의 경우도 1937년_{쇼와 12년} 중일전쟁이 발발하기 전까지는 민주주의 국가였다. 보통선거법은 1925년_{다이쇼 14년}에 가결되었다. 이 시기는 아시아에서는 최초이며, 영국보다 7년이 늦었을 뿐이다.

반자본주의를 표방하던 일본의 사회대중당은 1936년과 1937년 두 차례의 총선을 거쳐서 그 이전의 의석 수 5개에서 36개까지 대약진을 했다. 이무렵 정치가이자 변호사였던 민정당의 사이토 타카오齋藤隆夫는 국회에서 반전 연설과 반군 연설을 거듭하고 있던 시기였다.

태평양전쟁이 한창 진행 중이었을 때 일본은 도조 히데키東條英機가 독재를 했던 시기였는데, 그것은 당시 루스벨트 대통령이 재임하고 있었던 미국이나 처칠 수상이 재임하고 있었던 영국에서도 상황은 마찬가지였다. 도조 히데키나 히틀러에게는 임기가 없었지만, 루스벨트에게는 임기가 있었다고 하는 것을 거론하면서 본질적으로 차이가 있다고 지적하는 견해도 있지만, 그것은 단지 형식적인 것일 뿐이다. 전쟁에 열광한 국민은 임기가 종료되어도 압도적으로 지지할 것임에 틀림없기 때문이다. 실제로 루스벨트는 대통령으로서 역사상 유래가 없이 대통령 선거에 네 차례나 선출된 기록을 남긴 인물이다. 히틀러와 거의 동일하게 1933년부터 1945년까지의 미국 역사에 획을 그은 것이다.

만주사변부터 태평양전쟁에 걸쳐서 일본의 모든 국민은 물론이었으며, 아사히신문을 비롯한 모든 신문들도 거의 다 군국주의를 지지했다. 중일전쟁1937년이 발발했던 시기에는 국제 상황에 격분한 여론에 압도당한 국회가 오히려 군부를 독촉했으며, 강경 수단을 취하게 하는 경우도 있었다.

전쟁이 끝난 후, 연합국은 제2차 세계대전을 '민주주의 vs 파시즘'의 전쟁 따위로 선전했는데 그것은 단순한 자기 정당화이며, 실제로는 '민주주의 국가 vs 민주주의 국가'의 전쟁이었다. 어느 나라에도 선동을 일삼는 지도자가 있었으며, 그것에 열광하는 국민들이 있었다.

민주주의와 주권재민은 평화를 보장하는 것도 아니다. 민주 국가에서 전쟁을 일으키는 주역은 대부분 국민이다. 과거의 이야기가 아니다. 이라크전쟁을 지지했던 미국인은 전쟁 시에 76퍼센트였다. 그러나 전황이 악화된 시기인 2년 반이 지났을 때에는 지지율이 39퍼센트를 보여 거의 절반으로 낮아졌다. 국민 여론의 총체적인 양상은 그런 것이다.

매스컴이 제1의 권력으로

현재의 미국과 일본은 어느 쪽이나 주권재민의 민주 국가이다. 말하자면 국민이 정치를 결정한다. 그런데 그것은 과연 무조건 좋은 것일까?

민주주의의 본질은 주권재민이지만, 주권재민이라고 하는 것은 '여론이 모든 것'이라는 발상이다. 그리고 국민이 사태를 판단하는 재료는 거의 매스컴밖에 없기 때문에, 사실상 여론이라고 하는 것은 매스컴이다. 바꾸어 말하면 일본과 미국에 있어서는 매스컴이 제1의 권력의 위치를 차지하고 있다고 할 수 있다.

존 로크와 몽테스키외가 언급하기 시작한 '삼권 분립'은 근대 민주주의 제도의 기본이 되었지만, 현실적으로는 이러한 입법, 행정, 사법 등으로 이루어진 세 개의 권력조차도 지금은 제1의 권력이 되어버린 매스컴 아래에 위치해 있다.

민주주의가 그러한 상황까지 추락한 것은 아무도 상상하지 못했던 것이 아닐까?

정치에 있어서는 '포퓰리즘'이라고 하는 표현이 자주 언급되는데, 민주주의 국가에서 이 만큼 매스컴이 발달하면 행정이 포퓰리즘으로 흐르는 것은 거의 필연적인 현상일 것이다. 이 점에 대해서는 입법도 마찬가지이다. 입법을 담당하는 것은 정치가이며, 그 정치가를 뽑는 것은 국민이기 때문이다.

국책 수사

무엇보다도 가장 중요한 사법부조차도 예외는 아니다. 재판소는 국민의 눈치를 살피면서 판결을 내린다고 평가할 수밖에 없다.

지금 세계의 모든 사람들이 좋지 않은 질병과 같은 풍조에 물들어 있다. 영어로 말하면 ‘폴리티컬리 코렉트politically correct’, 즉 정치적으로 옳다고 하는 표현인데, 실은 ‘약자야말로 정의’라고 하는 사고방식이다. 약자라고 하는 것은 통상적으로 여성, 어린이, 고령자, 장애자, 마이너리티 등을 의미한다. 이 너무나도 소박한 철학은 현대인의 위선을 촉매로 해서 최근 10년 동안 세계에 널리 퍼졌다. 그렇기 때문에 O. J. 심슨과 마이클 잭슨이 무죄 판결을 받아서 누구라도 고개를 갸우뚱하게 하는 상황이 발생했다. 일본에서는 ‘니치아화학공업’이라는 회사에 근무한 적이 있던 전前 사원이 ‘청색 발광 다이오드는 자신이 발명’했음에도 불구하고, ‘거기에 상응하는 보수를 받지 못하고 있다’고 하여 회사를 상대로 소송을 걸었던 사건이 있었다. 1심을 맡았던 도쿄지방재판소는 터무니없이 2백억 엔의 지불 명령을 내렸다. 기업은 강자이기 때문에 악이고, 일개 연구 개발자는 약자이기 때문에 선이라는 매스컴을 비롯한 ‘폴리티컬리 코렉트’의 분위기에 영합했을 것이다. 그렇기 때문에 냉정함을 되찾은 2심 판결에서는 약 6억 엔의 금액으로 화해 권고를 통해서 타결을 보았다.

　검찰도 재판소와 마찬가지이다.

　최근 스즈키 무네오鈴木宗男 씨의 사건에 연루되어 채포된 외무성의 관료인 사토 마사루佐藤優 씨의 《국가의 함정》이라는 책을 읽었다. 사토 씨를 담당한 검사가 '매스컴의 반응을 보면서 국책 수사'를 노골적으로 인정하고 있어서 깜짝 놀랐다. 이 검사는 민주주의 국가에서는 국민의 소리, 즉 여론의 눈치를 살피는 것은 당연하다고 믿고 있었기 때문에 부끄러워하지도 않고 '국책 수사'를 인정했을 것이다. 민주 국가에서는 현실적으로 여론이야말로 정의이며 필연적으로 매스컴이 제1의 권력인 것이다.

국민은 영원히 성숙하지 못한다

물론 국민이 시대와 함께 성숙해 간다면 문제는 없다. 1, 2차 세계대전을 전후로 해서 국민들이 자행한 지나간 이야기는 단순한 에피소드로 간주할 수가 있다. 그러나 냉정하게 실제적인 표현을 한다면 '국민은 영원히 성숙하지 못한다'라고 하는 점이다.

이와 같은 사실을 확실하게 밝히지 않으면 안 된다. 과거는 물론 현재에도, 또한 미래에도 국민은 언제나 이 세상에서 미숙한 존재이다. 따라서 '성숙한 판단을 할 수 있는 국민'이라고 하는 민주주의의 암묵적인 전재는 영원히 성립할 수 없다. 민주주의라고 하는 제도에는 아무래도 커다란 수정을 가할 필요가 있다.

'진정한 엘리트'가 필요

국민은 영원히 성숙하지 않는다. 국민을 방임해 두면 민주주의, 즉 주권재민이라는 것을 이용하여 전쟁을 일으킨다. 나라를 망치고 때에 따라서는 지구조차도 망가뜨려 버린다.

그것을 방지하기 위해서 필요한 것은 엘리트이다. 진정한 엘리트라고 하는 것이 민주주의든 뭐든 모든 국가에 있어서는 절대적으로 필요한 존재이다. 이러한 사람들이 민주주의가 본질적으로 가지고 있는 폭주하는 위험성을 억제할 것이다.

진정한 엘리트에는 두 가지 조건이 있다.

우선 첫째로 문학, 철학, 역사, 예술, 과학이라고 하는 표면상으로는 아무런 역할도 할 수 없을 것 같아 보이는 교양을 몸에 듬뿍 지니고 있을 것. 그러한 교양을 배경으로 해서 서민과는 비교도 안 될 것 같은 압도적인 세계관과 종합적인 판단력을 지니고 있을 것. 이것이 첫 번째의 조건이다.

두 번째 조건은 '위기'의 순간이 닥쳐오면 국가와 국민을 위해서 기꺼이 생명을 바칠 수 있는 기개가 있어야 한다는 점이다. 이러한 진정한 엘리트가 지금 일본에서는 이미 사라져 버렸다.

그러나 옛날에는 존재했었다. 과거의 중학교, 과거의 고등학교는 이러한 의미로 해석할 수 있는 엘리트를 양성하는 기관이었다. 과거의 제일고교에서 불렀던 교가 중에 "영화로운 길거리를 돌처럼 여겨라."고 하는 노랫말이 있는데, 때로는 '졸렬한 엘리트주의'의 상징처럼 표현되는 것처럼 보여지지만, 이 가사는 어떤 본질을 꿰뚫고 있다고 할 수 있다. 그 이유는 진정한 엘리트한테서는 속세에 구애받지 않는 정신성을 기대할 수 있기 때문이다.

관료는 진정한 엘리트가 될 수 없다

  전후의 일본을 통치한 GHQ_{Government Headquarter, 연합국총사령부}의 일본 개혁 목표는, 즉 미국의 최대 과제는 '일본이 다시 일어나서 미국을 향해서 칼날을 겨누지 못하는 나라로 만들겠다'는 것이었다. 어설프게 엘리트를 양성하면 저력이 있는 일본 민족은 또다시 강력한 국가를 만들어 버린다. 그래서 우선 엘리트 양성을 중지하지 않으면 안 된다고 하며, 제일 먼저 구제舊制의 중학교와 고등학교를 없애버렸다.

  물론 이러한 조치는 1907년에 체결된 헤이그조약에 명시되어 있는 "점령자는 현지의 제도와 법령을 바꾸어서는 안 된다."고 하는 취지의 법률 조항인 제43조를 분명히 위반하고 있는 상황이었다. 대규모의 검열에 의해서 언론의 자유마저 봉쇄한다고 하는 세뇌교육을 위한 만행을 비밀리에 계획하고 있었던 미국에 있어서 이 정도는 식은 죽 먹기였다.

헤이그조약에 관련하여 조금 더 말을 덧붙인다면 미국이 일본에게 헌법과 교육기본법을 강요했던 점도 역시 위반이다. 미국이 진주만의 기습 공격을 '부끄러워해야 할 행위'라고 규탄하는 유일한 근거는 전쟁하기 전에 선전포고를 의무적으로 해야 한다는 헤이그조약의 조항이다.

그러나 헤이그조약 이전에는 바로 이런 말을 하는 미국을 포함하여 어느 나라나 기습 공격을 주로 해왔다. 1916년 도미니카를 상대로 해서 전쟁을 한 미국은 선전포고를 하지 않은 채 기습 공격을 해서 점령했다. 제2차 세계대전 때 독일이 폴란드와 소련을 침공한 것도 기습 공격에 의한 것이다. 헤이그조약에 있어서의 선전포고에 관한 조항은 단순히 개전을 알리는 날짜일 뿐으로, 아무도 중요한 것이라고 생각하지 않았던 것이다.

실제로 진주만 공격에 앞서서 일본은 영국령이었던 말레이반도에 상륙 작전을 감행했는데, 영국은 일본에게 선전포고를 했느냐, 안 했느냐에 대해서 문제도 삼지 않았다. 루스벨트 대통령만이 '부끄러워해야 할 일'이라든가 '파렴치한 행동'이라는 등의 형용 문구를 최대한 구사하여 격분한 감정을 보여준 것은 먼로주의에 의한 반전의 분위기에 젖어 있는 미국 국민들을 의식한 표현에 불과했다.

이것은 또한 그가 대통령 선거 공약으로 내세웠던 "미국 젊은이들의 피를 해외에서 한 방울이라도 흘리지 않게 하겠다."고 하는 약속을 어기고 미국 젊은이들을 유럽 전선에 파병시켜 참전하기 위한 선동이었던 것이다. 그가 계산한 대로 미국 국민들은 격분하고 열광했으며, 마침내 전쟁에 참가할 수가 있었던 것이다.

구제舊制 중학교와 고등학교를 없앤 것은 혜안이라고나 해야 할까? 그들이 생각한 대로 전후 60년이 지난 지금 현재 진정한 엘리트가 일본에서 사라졌으며, 국가는 나약해져 버렸다.

확실히 재무성을 비롯해서 관료들이 운집해 있는 가스미가세키의 관청가에는 도쿄대학을 우수한 성적으로 졸업한 인물들로 가득 차 있다. 그러나 그것은 소위 '편차치偏差値 엘리트'에 불과하다. '편차치가 높다'고 하는 것도 확실히 능력이 있다는 것은 틀림없지만, 그것은 아이들이 사방치기 놀이를 할 때 실력이 우수한 것과 똑같은 수준이어서 실제로 국가를 위해서는 그다지 도움이 되지 못한다. 앞에서 언급한 '진정한 엘리트'가 어쨌든 필요하다.

엘리트를 양성하고 있는 서구

확실히 말하면 선진국은 만 명의 살인범이 있어도 대수롭지 않다. 그러나 만 명의 엘리트가 없으면 나라가 망한다. 영국과 프랑스에서는 그와 같은 엘리트를 철저하게 양성하고 있다. 영국에는 퍼블릭 스쿨과 옥스퍼드대학, 캠브리지대학의 졸업자, 프랑스에는 대학보다 상위에 있는 그랑제꼴의 졸업자 등, 진정한 엘리트가 건재하고 있다.

영국의 정치가에는 진정한 엘리트가 많기 때문에, 뇌물이라든가 부정 사건에 대한 이야기를 거의 들을 수가 없다. 국민을 위해서 목숨을 바치려는 자는 국민을 기만하려는 행위는 하지 않는다.

여자 문제로 스캔들이 때때로 발생한다. 이것은 아무리 교육을 해도 없어지지 않는다.

일본의 엘리트를 송두리째 뽑아내려고 했던 미국도 물론

엘리트가 있다. 태평양전쟁의 결과가 거의 확실시되었을 무렵에 미국의 여론조사에서 "일본이라는 나라는 존재하는 한 악행을 저지르니까 국가를 괴멸시킨 후에 민족을 노예로 해야 한다."고 하는 것을 국민의 3분의 1이 지지한다는 여론조사 결과가 나온 적이 있다. 그러나 미국 정부에 있는 엘리트 집단이 이와 같은 국민적 히스테리를 무시했던 것이다.

기원전 2세기에 로마군은 숙적이었던 카르타고를 섬멸하여 건물을 모조리 부쉈으며, 폐허가 된 곳을 가래로 평평하게 다져 불모의 땅으로 바꾸기 위해 사방에 온통 소금을 뿌리고, 남녀노소 모두를 노예로 팔아치워 버렸다. 이로써 카르타고는 지상에서 소멸되었다. 2천 년 이상의 세월이 흐른 후의 미국 국민 3분의 1이 일본에 대해서 똑같은 생각을 했던 것이다. 이러한 점으로 미루어보면 국민은 세월이 흘러도 현명해지지 않는다.

국민이 국가를 리드하는 경우는 없다. 이것은 어떠한 나라에서도 영원히 능력상으로 불가능하다. 그런데도 불구하고 주권재민을 금과옥조로 여기고 있다.

'평등'도 픽션

이러한 냉엄한 사실은 매스컴에서는 보도되지 않는다. 앞에서 '자유'라고 하는 것을 비판했는데, '평등'이라고 하는 것 또한 픽션이다. 그에 대한 정의가 애매한 상황에서 '인간은 모두 평등'하다는 식으로 말하지만, 그것은 어린아이들도 직감적으로 '거짓'이라는 것을 알고 있을 것이다.

나는 초등학교 시절부터 눈부시게 공부를 잘할 수 있었는데, 여학생들한테는 전혀 인기가 없었다. 아직까지도 어떻게 안 될까 하고 생각하고 있지만, 세상의 모든 여성들의 눈이 어두워서 아무 일도 생기지 않는다. 더구나 그림을 그리는 재능은 초등학교 때부터 줄곧 성적표에 '2'로 기록되어 있으며, 중·고등학교 시절 6년 동안 계속해서, 약간은 자신이 있었던 축구는 배컴 선수의 발뒤꿈치에도 미치지 못한다. 부부싸움에서는 아내한테조차 당해내질 못한다. 사람의 능력은 무엇 하나 평등하지가 않다.

생명에도 역력하게 경중이 있다. 순진무구한 아이와 흉악 살인범, 어느 쪽의 목숨이 중요한가 하면 당연히 아이 쪽으로 정해진다.

모든 사람들에게 진실로 평등한 것은 무엇인가 하고 생각해 보면, 좀처럼 찾아낼 수 없어 고민에 빠져 버린다. 도대체 평등이라고 하는 것은 어떠한 것인지 정의를 내리는 것조차도 불가능하다. 소비세를 일률적으로 5퍼센트로 하는 것이 평등인가, 혹은 부자들한테서는 10퍼센트, 가난한 자들한테서는 1퍼센트로 하는 것이 평등인가 하는 것조차도 확실하지가 않다.

나는 평등이라고 하는 것은 서양인들이 지혜를 짜 만들어 낸 미사여구에 지나지 않는다고 생각하고 있다. 근대적인 평등의 개념은, 어쩌면 왕과 귀족 등 지배자에 대항하기 위한 개념으로서 꾸며낸 것이라고 생각한다. 그렇기 때문에 평등을 맨 앞에 내세운 미국독립선언에서는 정당화를 위해서 신이 필요했던 것이다.

미국은 노예제도의 본바닥이기 때문에 '평등'은 인권에 관련한 의미를 지니지 않았을 것이다. 어쩌면 영국 국왕을 염두에 두고 있었을 것이다. 그렇기 때문에 독립선언에서는 인민에 의한 혁명권도 명기하고 있다. 이 '평등'이 왕후귀족의 지배가 없어진 오늘날에는 완전히 의미가 변하여 인권에 관련된 개념으로 바뀌었다. 정당성과 투쟁성은 그대로 남았다. 물론 차별만큼 추악하고 부끄러워해야 할 것은 없다. 이 차별에 대해서 '평등'이라는 대항축對抗軸을 무리하게 세워서 힘으로 좌지우지하려고 하는 것이 전쟁을 좋아하는 서양인의 사고방식이자 가치관이다.

'평등'이 아니라 '측은'을

일본에도 오래전부터 평등이라는 말이 있었다.

'평탄平坦'이라고 하는 의미와 부처의 자비가 중생에게 골고루 미친다고 하는 의미, 공평이라고 하는 의미 등으로서, 어느 쪽이나 투쟁적인 의미는 아니었다.

일본에서는 차별에 대해서 대항축을 세우는 것이 아니라 측은을 가지고서 응했었다. 약자·패자·학대받은 자에 대한 배려이다. 측은이야말로 무사도정신의 중축中軸이다.

사람들에게 충분한 측은지심이 있으면 차별 따위는 없어지며, 따라서 평등이라고 하는 픽션도 불필요해 진다. 차별을 진정으로 없애고자 한다면, 평등이라고 하는 '북풍'이 아니라 측은이라고 하는 '태양'을 가져야 한다. 북풍이 효과가 없다는 점은 미국의 현상을 보면 확실하다.

'평등'의 깃발을 치켜든 미국이야말로 기업 경영자의 연간 평균 수입이 약 13억 엔이고, 일반 노동자의 수입이 약 300만 엔2004년인 나라이다. 3500만 명의 사람들이 빈곤으로 인해서 의료 혜택조차도 받지 못하는 나라이다. 미국은 마스터즈로 유명한 오거스타 내셔널을 비롯하여 여성이 멤버가 될 수 없는 골프클럽이 가장 많이 있는 차별의 나라이다.

2001년의 빅 리그에서 흑인 선수 배리 본즈가 백인 마크 맥과이어의 홈런 기록 70회에 뒤이어 나머지 1개를 좁히고 나서 나란한 위치에 서기까지는 19타석에서 12차례의 사사구를 받은 나라인 것이다. 70호는 베네수엘라 투수, 71호는 한국인 투수가 던진 볼을 쳤던 것이다.

　민주주의에도 물론 확실한 논리가 통하고 있는데, '국민이 성숙한 판단을 할 수 있다'고 하는 대전제는 영원히 충족시킬 수 없다는 점과, 그 본질인 자유와 평등은 그 존재와 정당성을 위하여 신을 필요로 한다는 점이라는 치명적인 결함이 있다. 따라서 자유, 평등, 민주주의 등은 억제를 가하지 않는 한 폭주하게 된다. 예를 들면 현재의 미국과 일본의 경우 '삼권 분립'은 균형을 잃게 되었으며, 매스컴이 모든 것의 우위에 올라서게 되어 버렸다. 이와 같은 사태를 방치해 두면 사회는 황폐해지게 마련이다.

　내가 강조하고 싶은 것은 논리와 합리성이 아무리 통하고 있을지라도 그것만으로는 국가가 순조로이 나아갈 수 없으며, 민주주의는 성립하기 위한 전제 조건조차도 다 채울 수 없게 되고, 자유와 평등은 그 존재조차 픽션이라는 것이다.

자유와 평등은 양립하지 않는다

　더구나 자유와 평등은 양립하지 않는다. 앞에서 언급한 바와 같이 미국의 사적인 골프클럽에서는 여성 회원을 받아들이지 않는 곳이라든가 유색인종을 거의 들여보내지 않는 곳도 많이 있다. 이것은 여성과 유색인종의 입장에서 보면 불평등하지만, 골프클럽의 입장에서 보면 조직할 자유, 취향의 자유, 사상의 자유이다. 자유와 평등이 정면 충돌하고 있다.

　신은 모순된 행동을 하지 않는 존재이기 때문에 자유와 평등이 모두 다 신으로부터 부여받은 것이라는 표현 따위는 새빨간 거짓말이다. 즉, 신이 부여한 것은 어느 쪽인가 하면 한쪽을 부여했거나, 혹은 어느 쪽도 부여하지 않았을 것이다. 그런데 자유와 자유는 서로 정면 충돌을 한다. 언론의 자유는 프라이버시를 지키는 자유와 충돌한다. 내 자유와 타인의 자유는 항상 충돌한다. 내가 좋아하는 여성을 접근할 자유를 행사하면, 그 여성은 반드시 나로부터 멀어질 자유를 행사한다고 하는 것이 내가 지금까지 지내온 경험적 판단이다. 자유와 자유가 충돌하지 않았더라면 나는 꿈 같은 인생을 보낼 수 있었을 것이다.

평등과 평등도 충돌한다. 평등한 조건으로 경쟁하면 약육강식의 상황이 빚어지고, 빈부의 차이가 커지며 불평등한 상태에 놓인다. 결과의 평등이 아니라 기회의 평등이라는 논리가 유행하고 있지만, 이것 또한 우스꽝스러운 일이다. 모든 대학생들의 부모 중에서 도쿄대생 부모의 소득이 가장 많다고 하는 것이 그 증거이다. 가난한 자의 자식은 양질의 교육을 받을 수 있는 경제력이 결여되어 있기 때문에 도쿄대학에 입학할 기회가 적어진다. 즉, 평등한 경쟁이 빈부의 차이라고 하는 결과의 불평등을 낳고, 그것이 기회의 불평등을 낳는 것이다. 평등이 불평등을 낳는다고 하는 것이다. 결국 신은 인간에게 자유도 주지 않았고, 평등도 주지 않았다.

물론 민주주의, 자유, 평등에는 각각 한 권의 책이 될 정도로 아름다운 논리가 통하고 있다. 그렇기 때문에 세계는 그것에 취해 버린 것이다. 논리라든가 합리에 지나치게 의존하는 것이 현대 세계가 당면한 고통스러운 경지의 진정한 원인이라고 생각한다.

제4장
'정서'와 '틀_{양식}'의 나라, 일본

서구인에게 있어서 자연은
인류의 행복을 위해서 정복해야 할 대상이다.
그러나 태고의 옛날부터 일본인에게 있어서
'인류의 행복' 따위를 위한다는 목적으로
'자연을 정복해야 한다'고 생각한 사람은 한 사람도 없다.
자연이라고 하는 것은 인간과는 비교가 안 될 정도로 위대하고,
경의해야 할 대상이었다.
자연에서 성스러운 것을 느끼고,
자연과 조화를 이루며 자연과 함께 살아가려고 했다.
그러한 아주 훌륭한 자연관이 있었던 것이다.

나는 국적이 가나 사람인데도 가나를 사랑하지 않는 사람이라면 한 방 날리겠다.
한국인인데도 한국을 사랑하지 않는 사람이라면 한 방 날리겠다.
설령 한 방 날리지 않아도 적어도 그러한 인간과는 절대로 사귀지 않겠다.
왜냐하면 뿌리가 없는 사람과 사귀어도 그 사람한테서 무엇 하나
배울 것이 없기 때문이다.

‘정서’와 ‘틀_{양식}’을 소중히 하라

그렇다면 어떻게 하는 것이 좋을까? 해결 방법의 한 가지로서 내가 제시하고 싶은 것은 일본인이 오랜 옛날부터 간직해온 ‘정서’, 혹은 전통에서 유래하는 ‘틀_{양식}’, 이러한 것을 되살려 나아가자고 하는 것이다.

논리라든가 합리를 부정해서는 안 된다. 이것은 물론 중요하다. 내가 지금까지 앞에서 언급한 것은 ‘인간은 그것만으로는 세상을 헤쳐나아갈 수가 없다’고 하는 것이었는데, 여기에 무엇인가를 부가해야 한다. 바로 그 부가해야 할 것, 논리의 출발점을 정확하게 선정하기 위해서 필요한 것, 그것이 일본인이 가진 아름다운 정서와 틀_{양식}이다. 이것은 물론 나의 사견이다.

논리와 합리를 ‘강_剛’이라고 한다면 정서라든가 틀_{양식}은

'유柔'이다. 딱딱한 구조와 부드러운 구조를 서로 함께 배합시켜야 비로소 인간의 종합적인 판단력이 완전하다고 나는 생각한다.

자연에 대한 감수성

그러면 일본인이 가지고 있는 정서와 틀양식이라고 하는 것은 어떠한 것일까?

우선 가장 먼저 이야기할 수 있는 것은 자연에 대한 섬세한 감수성이다. 일찍이 오랜 세월 동안 일본에 체류한 적이 있는 외국인들은 한결같이 이러한 면을 지적하고 있다.

쇼와시대1926~1989 초기에 도쿄에 있던 주일 영국대사관에 조지 샘슨이라는 외교관이 근무한 적이 있었는데, 그의 부인인 캐더린 샘슨이라는 여성이 《동경에 살다》라는 책을 썼다. 이 샘슨 부인은 쇼와시대 초기에 8년 정도 동경에서 살았던 적이 있었다.

그녀의 책을 읽어보면 "자연에 대한 감수성과 미의식을 느끼는 마음이라는 점에 있어서는 일본인을 능가할 만한 국민은 없을 것이다."라고 밝히고 있다.

영국에 일시적으로 귀국한 그녀가 일본으로 다시 돌아오던 배에서 후지산을 보았을 때의 일이다. "후지산은 차라리 꿈이고, 시이며, 인스피레이션이다. 오래간만에 후지산을 바라보는 순간 심장이 멎어 버렸다."고 하면서 반가운 이야기를 썼다.

그저, 일본인의 예술적 감수성이 뛰어난 이유는 '후지산이 아름답기 때문'이라고 하면 어떨까? 후지산이 세계에서 가장 아름답다고 하는 것은 인정해도 당시 규슈나 홋카이도, 시코쿠 등지에 살고 있었던 일본인들의 대부분은 한 번도 후지산을 본 적이 없었을 것이다. 혹시 대중목욕탕의 욕실 벽에 장식한 그림으로 보았는지 모르겠다.

어쨌든 이 자연에 대한 섬세한 감수성이 세계에서 으뜸가는 일본 문학을 낳은 최대의 이유라고 나는 믿는다.

일본의 정원사는 세계 최고

샘슨 부인이 감동하면서 기술한 것의 한 가지가 일본의 정원사에 대한 이야기가 있다.

영국 정원사의 경우를 예를 들면 '단풍나무를 정원 저쪽에 심어 달라'고 주문을 하면, 주문한 대로 구멍을 파서 단풍나무를 심은 후 수고비를 받고 돌아가 버린다.

그런데 일본 정원사의 경우, 우선 집주인이 주문한 내용을 쉽게 듣지 않는다고 한다. 저쪽에 심는 편이 좋다고 하는 등의 반대 의견을 제안한다. 그리고 한 그루의 나무를 여러 각도에서 바라보고, 정원사 자신도 여기저기 위치를 바꿔서 눈을 둥그렇게 뜨거나 가늘게 떠서 여러 각도로 자세하게 살핀다. 그런 후에 가장 아름답고 가장 조화가 잘 이루어진 장소를 정하여 인부들에게 손짓 발짓을 해가며 지시를 내려서 나무를 심게 한다. 일본의 정원사라고 하는 자들은 오케스트라

의 지휘자와 같다. "바라보고 있노라면 가슴이 두근두근 거
린다."라고 그녀는 밝히고 있다.

　일본인의 섬세한 예술적 감수성에 감동하고 있는 것은 샘
슨 부인뿐만이 아니다. 일본에 오랫동안 체류하여 체류기를
남긴 외국인들의 대부분은 이러한 점을 절찬하고 있다.

다도, 꽃꽂이, 서예

　차에 대해서 생각해 보아도 영국에서는 모두 머그컵에 자
작자작 부어서 벌컥벌컥 마신다. 그러나 일본에서는 다도茶道
라고 하는 의식으로 절차를 정하여 마신다.

　꽃을 꽂는 방법도 일본에서는 화도花道라고 하는 미의식을
적용하여 꽃을 꽂는다. 글씨라고 하는 것은 읽는 사람으로
하여금 이해할 수 있도록 글씨를 쓰면 그것으로 족하다. 그
러나 일본에서는 서도書道라고 하는 서법으로 양식화한다.

　혹은 향도香道라고 하는 것도 있다. 향기를 즐기고 일상의
삶을 떠나서 향기에 집중하여 정적 의식을 느끼는 세계에서

향기를 듣는 예도藝道를 의미한다.

　무엇이든 예술로 유형화해 버린다. 유도와 검도 등도 미의
식이라든가 예의를 중시한다. 다른 여러 나라의 격투기와는
상당히 취향이 다르다.

　자연에 대한 섬세한 감수성을 원천으로 하는 미적 정서가
일본인의 핵을 이루어서 세계에 그 유례를 볼 수 없는 예술
을 형성하고 있다. '자연의 유구함과 인생의 허무함'이라는
대비의 공간 속에 미를 느낀다고 하는 보기 드문 능력도 일
본인에게서 찾아 볼 수 있다.

　일본이라는 풍토 속에는 태풍과 지진과 홍수 등 1년을 통
해서 자연의 위협이 끊이지 않고 있다. 다른 나라보다도 한
층 더 '자연의 유구함과 인생의 허무함'이라고 하는 대비 요
소를 느끼기 쉽다. '무상관無常觀'이라고 하는 것을 양식화하
기 쉬운 풍토인 것이다.

변질된 **무상관**

무상관이라고 하는 것은 원래 인도의 석가모니가 말한 것이다. 석가가 말한 무상은 철학이다. 만물은 유전한다. 영원히 불변한 것은 존재하지 않는다. 점점 변해 버린다. 지금 당신이 들어가 있는 건물도 언젠가는 반드시 사라진다. 당신의 주변에 있는 인물들도 100년 후에는 아무도 없다. 세상에 존재하는 모든 것은 무엇이든 영원히 똑같은 형태를 유지할 수는 없다고 하는 것은 당연하다고 할 수 있는 철학이다.

일본인은 무엇이든지 즉시 모방을 하여 그것을 순식간에 변질시키고, 자신들이 아니고서는 할 수 없는 물건으로 만들어 버리는 천재적인 능력을 지닌 민족이다. 한자를 모방해서 순식간에 일본어의 훈訓으로 읽는 방식인 '군요미訓讀'와 이두 형식으로 표기했던 '만요가나万葉假名', 그리고 뒤이어서 '히라가나平假名'와 '가타카나片假名'를 발명해서 완전히 일본의 것으로 만들어 버린 것이 그것에 대한 좋은 예이다.

북인도에서 중국을 거쳐서 일본에 전해진 무상관이라고 하는 것도 변질되었다. 일본인의 무상관은 '모든 것은 변해 간다'고 하는 무미건조한 달관으로부터 파생하여 약자에 대한 위로와 패자에 대한 눈물이라는 정서를 낳았다. 무미건조한 달관이 덧없고 슬픈 숙명을 공유하는 인간끼리의 유대, 그리고 불운한 자에 대한 공감으로 변질되어 갔을 것이다.

《헤이케 모노가타리平家物語》의 내용 속에 무사도의 전형적인 대목으로서 니토베 이나조新渡戶稻造의 《무사도武士道》의 내용에서도 인용되는 유명한 장면이 있다. 이치노타니 전투가 벌어졌을 때, 구마가이 나오자네熊谷直實가 적군인 헤이케平家의 장수를 사로잡았다. 살해하려고 생각하고 얼굴을 보자 아직 어린 나이였다. 그는 열다섯 살의 다이라 아츠모리平敦盛였다.

자기의 자식 정도가 되는 젊은이를 살해해도 좋은 것인지 어쩐지……, 구마가이 나오자네는 머뭇거리고 있었는데, 과연 다이라 아츠모리는 "목을 쳐라!"고 구마가이 나오자네에게 명령한다. 나오자네는 어쩔 수 없이 목을 친다. 그 후 자기 손으로 살해한 젊은이를 애도하여 나오자네는 출가를 해 버린다. 이와 같은 패자, 약자에 대한 공감하는 눈물, 이러한 것이 일본의 무상관에는 깃들어 있다.

공연으로 상연되고 있는 노能의 무대에 '아츠모리敦盛'가 지금도 꾸준히 관객의 사랑을 받고 있는 이유는 이러한 무상관, 무사도에서 언급하고 있는 측은에 가까운 감정이 지금도 일본인의 마음속에 흐르고 있어서 심금을 울리고 있기 때문이다.

모노노아와레

이 무상관은 다시 추상화되어서 '모노노아와레'라고 하는 정서로 변했다. 일본 중세 문학의 대부분이 이것으로 일관되어 있다. 즉, '모노노아와레'라고 하는 것은 덧없는 인간의 삶과 유구한 자연 속에서 변화해 가는 것에 미를 발견해 내는 감성이다. 이것은 매우 독특한 감성이다.

사물이 없어져 가는 모습을 바라보면 누구라도 이것을 한탄한다. 물론 서구인들도 마찬가지이다. 그러나 일본인의 경우 그 덧없는 것에 대해서 미의식을 느낀다.

1922년에 뉴욕에서 태어나기는 했지만 오랫동안 일본에서 일본문학가로 활동하고 있는 미국인 도널드 킨Donald Keene에 의하면, 이것은 일본인 특유의 감성이라고 한다. 덧없이 사라져 가는 것에서조차 미적 정서를 발견해낸다.

10여 년 전에 스탠퍼드대학의 교수가 우리 집에 놀러 온 적이 있다. 계절이 가을이었는데, 저녁식사를 하고 있을 때 창밖에서 벌레 울음소리가 들려왔다. 그때 이 교수는 "저 노이즈noise는 무엇이냐?" 하고 나에게 물었다. 스탠퍼드대학의 교수에게 있어서 벌레 울음소리는 노이즈, 말하자면 잡음이었던 것이다. 그 말을 들었을 때 나는 신슈우信州의 시골에 살고 계신 할머니가 가을이 되어 벌레 울음소리를 듣고 낙엽이 지기 시작하면 "아아, 이제 가을이로구나!" 하고 말씀하시면서 눈물을 흘리시던 모습이 떠올랐다. 그와 동시에 '어찌하여 이런 자들과 전쟁을 하게 되어 패배했을까?' 하고 생각했던 것을 잘 기억하고 있다.

일본인의 **특유한** 감성

벌레 소리에 대한 일본인의 감성에 대해서는, 일찍이 일본에 귀화한 아일랜드 출신의 소설가 라프카디오 한_{Lafcadio Hearn, 1850~1904}도 《벌레의 연주가》라는 수필에서 다음과 같이 언급한 적이 있다.

"일본인들은 벌레 소리를 음악으로 듣고 있는데, 거기에서 '모노노아와레'를 느끼고 있다."

바로 이런 감성, 서구에는 드물게 볼 수 있는 시인에게만 한정된 감성인데, 일본에서는 일반 서민의 내면 속에도 당연히 내재해 있다. 가을에 멀리서 귀뚜라미 소리가 들려오면, 마음을 정결하게 하여 가을의 우수에 마음을 진정시킨다. 이와 같은 일이 오랜 옛날부터 일상적으로 행해져 온 것이다.

이렇게 표현한 후 라프카디오 한은 이에 대한 증거로서 몇 개의 '와카_{和歌}'를 인용하고 있다. 예를 들면《만요슈_{万葉集}》에

수록된 작자 미상인 어느 시에서 "뜰에 돋아난 풀에 소나기가 내리고 귀뚜라미 울음 짓는 소리 들으니 이미 가을이로다."를 인용하고, 또《고킨슈古今集》에서 역시 작자 미상인 어느 시에서 "가을 들판에 귀뚜라미 소리가 들릴 무렵에……." 등의 구절을 인용하고 있다. 또한 벌레의 울음소리를 즐긴다고 하는 것은 서구에는 물론 중국과 한국에서도 유례를 찾아볼 수가 없다는 것이다.

3년쯤 전에 일본의 중세 문학을 전공하는 영국인이 우리 집에 놀러왔다. 나는 "일본의 중세 문학을 공부하는 데에 있어서 무엇이 가장 어렵냐?"고 물었다. 그는 곧바로 '모노노아와레'라고 대답했다.

"모노노아와레라고 하는 것은 영국에는 없습니까?" 하고 내가 물었더니, "물론 있습니다. 있긴 하지만 일본만큼 섬세하지가 않습니다."고 대답했다. 따라서 '모노노아와레'에 대응하는 영어는 존재하지 않는다. 이것에 가까운 영어도 존재하지 않는다고 한다.

인간은 무엇인가에 대해서 감성이 연마되어 있으면 반드시 그것을 언어화하는 생명체이다. 예를 들면 에스키모인들 사이에서는 눈에 관한 단어가 100여 개가 있다고 한다. 동경에서도 함박눈, 가루눈, 가랑눈, 소나기눈 등 여러 가지 있다.

눈이 많이 내리는 북쪽 지방인 니가타新潟에 가면 더 많이 있을 것이다. 그러나 에스키모에 비길 정도는 아니다. 그래서 눈에 관한 감수성에 있어서는 일본인은 에스키모인을 따라 잡을 수가 없다.

그러나 유구한 자연과 덧없는 인생과의 대비 속에서 미를 발견하는 감성, 이와 같은 '모노노아와레'의 감성은 일본인이 특히 예리하다. 어쩌면 이것은 세계의 모든 사람들이 가지고 있는 요소이겠지만, 일본인이 특히 예리하다고 생각한다.

사쿠라꽃에서 무엇을 보는가?

이렇게 일본인의 감수성이 예리한 점을 말해 주는 대표적인 일례가 예를 들면 사쿠라꽃에서 찾아볼 수가 있다.

사쿠라꽃은 잘 알려진 바와 같이 정말로 아름다운 시기는 3, 4일뿐이다. 더구나 그 시기를 벼르고 노려오기라도 했던 것처럼 매년 바람과 폭풍이 불어온다. 그래서 "어어" 하는 잠깐 사이에 사쿠라꽃이 져버린다. 일본인은 단 3, 4일의 아름다움을 위해서 그 명칭이 같은 나무를 전국 각지에 심고 있는 것이다.

사쿠라나무는 송충이가 꼬이기 쉬운 나무이기도 하고, 제멋대로 굵게 자라기도 하는가 하면, 마구 휘어져 있기도 하고, 나무 표면이 꺼칠꺼칠해서 그나마 꽃마저 피지 않으면 당장이라도 뽑혀질 것 같은 나무이다.

그러나 일본인은 사쿠라꽃이 피는 이 3, 4일 동안 최고의 가치를 느낀다. 단 3, 4일에 목숨을 걸고 깨끗하게 지는 사쿠라꽃에 인생을 투영시키고, 거기에 다른 꽃과는 비교할 수 없는 각별한 아름다움을 발견해 내고 있다.

그래서 사쿠라를 각별히 중요하게 여기고 '꽃은 사쿠라, 사람은 사무라이'라고까지 치켜세워 오다가 마침내는 일본의 국화國花로 지정하기까지 했던 것이다. 사쿠라꽃이 피는 시기가 되면 모두가 신바람이 나서 마음이 들떠 있다.

사쿠라가 피는 꽃 전선이 남쪽에서 북으로 올라오면 "벌써 요시노吉野는 활짝 피었겠군.", "다카토오高遠와 오다하라小田原는 어떤가?", "치도리가후치 호수와 이노가시라井の頭 공원은 다음 주에는 필까? 히로사키弘前는 언제쯤 필까?" 하는 말을 주고받으며 모두 자기가 알고 있는 사쿠라꽃이 피는 명소를 생각해낸다.

사쿠라꽃 전선이 자기 고향에 도달하면, 이번에는 날씨를 걱정한다. 날씨를 걱정하는 것은 꽃 구경을 하는 모임을 주관하는 사람만의 관심거리가 아니다. 사쿠라는 인생 그 자체의 상징이기 때문에 모두가 걱정을 해서 이만저만이 아니다.

미국 워싱턴의 포토맥 리버Potomac River의 강줄기를 따라서

 국가의 **품격**

피는 사쿠라꽃도 아라카와荒川 제방에서 옮겨다가 심어놓은 것이다. 일본의 사쿠라꽃보다 아름다울지도 모른다. 그러나 미국인에게 있어서 그것은 '오우 원더풀' 혹은 '오우 뷰티풀'하고 외치며 바라보는 대상에 지나지 않는다. 거기에서 사쿠라꽃을 보고 덧없는 인생을 투영하면서 아름다움에 오랫동안 탄식할 만큼 한가로운 미국인은 없다.

단풍의 섬세함

단풍에 대해서도 같은 맥락에서 이야기할 수가 있다.

이것도 2년 전의 일인데, 캠브리지대학의 수학 교수가 다테시나蓼科에 있는 나의 별장에 찾아왔다.

그 교수는 정수론整數論의 세계적인 권위가 있는 자로서, 수학의 노벨상이라고 할 수 있는 필즈상Fields Medal도 수상한 수학자이다.

마침 계절이 가을이었기 때문에 단풍놀이에 동행했다. 그랬더니 그는 "정말로 아름답다."고 하며 놀라는 것이었다.

그는 나에게 "미국과 영국에서도 단풍을 본 적이 있다. 그런데 3시간이나 차를 몰고 가도 좌우측 모두가 샛노랗다고 할 정도로 단조로웠다. 그런데 일본의 경우에는 햇볕이라든가 산의 어느 부분에 위치하는가에 따라서 색깔과 선명도가 다르며 매우 아름답다."고 말하면서 감탄했다.

잠시 동안 함께 거닐고 있으려니 그가 "한 가지 깨달은 것이 있다."고 중얼거렸다. "일본의 단풍잎은 매우 섬세하고 화사하다. 서구의 단풍잎은 좀 더 크고 두텁다. 그 때문인지 색깔의 변화가 섬세하지 못하다. 그것에 비해서 일본의 단풍잎은 얇고 섬세하기도 하며, 하나의 나무에도 오렌지색, 녹색 등 색채가 풍요롭다."고 말하는 것이었다.

단풍에서 볼 수 있는 바와 같이 일본이라는 풍토는 자연 그 자체가 아주 섬세하게 이루어져 있다. 호쾌한 면에서는 약간 결여되어 있지만, 산이든 강이든 계곡이든, 혹은 나무들이든 꽃이든 뭐든지 간에 매우 섬세하게 이루어져 있다. 게다가 사계절의 변화가 확실하다. 이러한 나라는 흔치 않다.

사계절이 없는 것이 보통

나는 3년 동안 미국의 중서부에 소재해 있는 대학에서 강의를 한 적이 있었는데, 미국의 중서부에는 일본을 기준으로 해서 말한다면 봄과 가을은 각각 한 달 정도밖에 없었다. 그리고 나머지는 여름과 겨울이다. 영국의 캠브리지대학은 1년 남짓 체류한 적이 있는데, 1년의 절반이 겨울이었다.

남인도에는 두 차례 1주일씩 다녀왔다. 가장 날씨가 추울 것으로 생각되는 2월을 선택해서 갔었는데, 하루 종일 30도를 내려가는 날은 한 번도 없었다. 하이쿠俳句를 한 수 써볼까 생각하고 주변을 바라보았다. 계절을 표현할 만한 시적 상징어인 계어季語에 알맞는 풍경을 찾아보았으나, 어느 곳에서도 그러한 것을 찾을 수가 없었다. 시기는 2월이었는데도 모두가 알몸으로 목욕을 하고 있었기 때문이다.

일본은 사계절이 뚜렷하다. 그 때문인지 식생이 매우 풍부하다. 앞에서 언급한 적이 있는 주일 영국대사관의 외교관인 샘슨 씨 부인은, 그녀가 쓴 저서에서 일본에는 열대기후에 속해 있는 인도에 있는 수목에서부터 자작나무 등 북유럽에 서식하는 나무에 이르기까지 실로 그 종류가 매우 다양하다고 말하고 있다. 식물의 모습뿐만이 아니다. 라프카디오 한은 아름다운 음색을 가진 벌레가 일본에는 매우 많다고 말했다. 내 경험으로도 그렇다고 생각한다. 게다가 모든 것이 섬세하고 미묘하게 이루어져 있다. 이와 같은 신의 은총이라고 해야 할 특이한 환경 속에서 몇천 년을 살고 있으면, 자연에 대한 감수성이라는 것이 특별하게 발달한다. 이 감수성이 민족의 근저에 오랜 세월에 걸쳐서 침전된다. 나는 이렇게 생각된다.

'모노노아와레' 이외에도 일본인은 자연에 대한 외경심이라든가 무릎 꿇고 경의하는 마음을 원래부터 가지고 있었다. 서구인에게 있어서 자연은 인류의 행복을 위해서 정복해야 할 대상이다. 그러나 태고의 옛날부터 일본인에게 있어서 '인류의 행복' 따위를 위한다는 목적으로 '자연을 정복해야 한다'고 생각한 사람은 한 사람도 없다. 자연이라고 하는 것은 인간과는 비교가 안 될 정도로 위대하고, 경의해야 할 대상이었다. 자연에서 성스러운 것을 느끼고, 자연과 조화를 이루며 자연과 함께 살아가려고 했다. 그러한 아주 훌륭한 자연관이 있었던 것이다. 그렇기 때문에 신도神道가 생겼다.

이러한 정서가 어느 의미에서 일본 민족으로서의 겸허함을 낳았다. 서구에서 말하는 '인류의 행복을 위해서 자연을 정복한다'고 하는 것 따위는 어찌할 수 없는 인간의 오만이다. 그러한 것을 말한다면 지구 환경은 파멸을 향하여 질주하는 것이나 다름없다는 것을 의미한다.

하이쿠가 일깨워 주는 이미지

또한 일본인은 자연과 마음을 교감하게 한다고 하는 특이한 장점을 지니고 있다. 하이쿠는 그것을 설명하기에 적절한 예이다.

철학자이자 평론가인 전 도쿄여자대학 교수였던 모리모토 데쓰로森本哲郎 씨의 책에서 읽었는데, 그가 독일을 여행하고 있을 때, 열차 안에서 이러한 일이 있었다고 한다. 그는 마쓰오 바쇼松尾芭蕉, 1644~1694의 하이쿠俳句 시집을 읽고 있었다. 앞에 앉은 독일인 대학생과 대화가 시작되었다.

"무엇을 읽고 있습니까?"

"하이쿠를 읽고 있습니다."

"하이쿠라는 것이 뭔가요?"

그래서 모리모토가 시를 일본어로 읽어주고 나서 번역해 주었다.

"마른 나뭇가지에 까마귀가 앉아 있다. 가을날의 저물녘!"
그러자 그 대학생은 대뜸 이렇게 물었다고 한다.

"그래서요?"

서양인들에게 있어서 '마른 나뭇가지에 까마귀가 앉아 있다. 가을날의 저물녘'이라는 표현에서는 스토리가 아무것도 시작되지 않았다. 그러니까 "그래서요?"라는 질문으로 되묻는 것은 당연하다.

그러나 일본인은 "그래서요?"라고 되묻는 사람은 한 사람도 없을 것이다. 듣는 순간 누구라도 저무는 석양을 배경으로 마른 나뭇가지가 쫙 뻗어 있고 까마귀가 턱 앉아 있는 모습을 떠올릴 것이다. 그리고 일본인의 머릿속에는 우수에 가득 찬 가을날의 정취가 거리 전체, 마을 전체, 나라 전체를 뒤덮어 가고 있는 이미지가 곧바로 솟아오를 것이다. 까마귀의 검은색 한 점이 가을의 중심점이기라도 한 것처럼 풍경을 함축해서 묶어놓고 있다.

　사람에 따라서 뉘앙스의 차이는 있을 수 있겠으나 이러한 것을 일본인이라면 누구라도 순간적으로 머리에 떠올려서 그려낸다.

개구리가 일제히 풍덩풍덩

　'오래된 연못 속으로 개구리가 뛰어들어 들리는 물소리'라고 하는, 일본인이라면 누구라도 알고 있는 마쓰오 바쇼의 하이쿠가 있다. 일본인이라면 아무 소리도 없이 조용한 어딘가의 경내에 있는 연못에 개구리 한 마리가 풍덩하고 뛰어드는 광경을 상상할 수 있다. 그리고 그 고요함을 느끼고 무엇인가를 깨달을 수가 있다. 그러나 일본 이외의 대부분의 나라에서는 오래된 연못 속에 개구리가 풍덩풍덩 하고 집단으로 뛰어드는 광경을 상상하는 것 같다. 이런 상상으로는 정서라든가 아무것도 있었던 것이 아니다.

　이와 같이 자연과 마음을 교감하게 할 수 있을 것 같은 멋진 감성을 일본인은 갖추고 있다. 그것을 생각하면 태풍과 지진과 홍수라고 하는 자연재해조차 감사하는 마음을 갖고 싶어진다. 이러한 자연재해에 '혜택을 입은' 덕분에 자연에 무릎을 꿇는 기분이 우러나고, 무상관이 발달하며, '모노노 아와레'라든가 자연과 마음을 교감하게 할 수 있는 정서로 연결되었기 때문이다.

'그리움'이라는 정서

또 한 가지 일본인이 자랑할 수 있는 정서로서 '그리움'이 있다. 이것도 매우 고차원적인 정서이다.

물론 미국인들도 태어나고 자랐던 고향을 그리워한다. 그러나 미국인은 항상 이사를 다닌다. 따라서 일본인이 매년 성묘를 하는 것과 같은 조상 대대로 만들어 온 묘지 따위의 개념은 없다. 이러한 사정이 있기때문에 서양인들에게는 고향에 대한 향수를 느끼는 감정이 약하다.

한편 일본인의 향수는 매우 견고하게 구속을 받는 것처럼 여겨지는 긴박감緊縛感이라고나 해야 할 마음의 상태를 동반한 두터운 정서이다. 얼마만큼 두터운가에 대해서는 '그리움'을 읊은 문학이 산더미만큼이나 많이 있는 것에서도 명백하다.

《만요슈万葉集》 속에는 변방을 지키기 위해 파견된 병사의 노래를 비롯해서 향수를 노래한 것이 상당히 많이 있으며, 근대 단가近代短歌에서도 낭만적 시인으로 잘 알려진 이시카와 타쿠보쿠石川啄木, 1886~1912라든가, 강렬한 생명의 감각과 풍부한 감성을 노래한 근대 서정 단가近代抒情短歌를 대표하는 사이토 모키치齊藤茂吉, 1882~1953 등의 인물을 비롯해서 매우 많이 있다.

하이쿠에서는 낭만적인 고전 취미를 운문으로 묘사한 요사노 부송與謝蕪村, 1716~1784, 현대시의 세계에서는 구어에 의한 시적 음악적인 표현을 처음으로 완성시켜 마음속 깊은 곳에서 시어와 이미지와 리듬을 탐구하고자 했던 하기와라 사쿠타로萩原朔太郎, 1886~1942와 문단의 시류에 의존하지 않고 시인으로서의 감각으로 독자적인 문체를 구축한 무로 사이세室生犀星, 1889~1962 등의 문인들을 곧바로 머릿속에 떠올릴 수 있다.

이와 같은 문인들에 의해서 만들어진 문학 작품들을 어린이들에게 많이 읽혀야 한다. 고향을 떠난 사람들이 많은 지금 이것은 매우 중요하다고 생각한다.

네 가지의 사랑

　이 '그리움'이라고 하는 정서는 내가 제시하는 '네 가지 사랑'의 기본을 이룬다. '네 가지의 사랑'이라고 하는 것은 무엇인가 하면 첫째는 '가족애'이고, 둘째는 '향토애', 그리고 '조국애'이다. 이 세 가지의 사랑이 확실하게 다져진 후에 마지막으로 실천해야 할 사랑은 '인류애'이다.

　그런데 여기에서 유념해야 할 사항은 사랑의 우선순위를 뒤바꾸어서는 안 된다고 하는 것이다. 가족애의 연장선이 향토애로 이어지고, 이 두 가지의 연장선이 조국애로 연결되기 때문이다. 일본에서는 비로소 인류애를 자주 가르치려고 하는데, 그러한 것이 순조로이 진행될 리가 없다. '지구 시민'이라고 하는 개념으로 존재하는 인간은 이 세상에서 단 한 사람도 없다. 그러한 픽션을 가르치는 것은 백해무익한 일이다. 우선은 가족애를 확실하게 다진다. 그리고 나서 향토애로 확장시키고, 조국애로 이어간다. 이렇게 사랑의 단계를 넓혀 나아가는 동안에 어딘가가 결여되면 아무리 세계로 뻗어나아 가도 아무도 신용하지 않는다. 나는 국적이 가나 사람인데 가나를 사랑하지 않는 사람이라면 한 방 날리겠다. 한국인인데 한국을 사랑하지 않는 사람이라면 한 방 날리겠다. 설령 한 방 날리지 않아도 적어도 그러한 인간과는 절대로 사귀지 않겠다. 왜냐하면 뿌리가 없는 사람과 사귄다고 해도 그 사람한테서 무엇 하나 배울 것이 없기 때문이다.

이것은 일본 국내에 적용해도 마찬가지이다. 아오모리靑森 출신은 아오모리를, 오키나와沖繩 출신은 오키나와를 사랑하면 사랑할수록 인간적으로 매력적이고 신용할 수가 있다. 가고시마鹿兒島에서도 홋카이도北海道에서도 동일한 맥락이다.

조국애의 두 가지 측면

조국애에 대해서는 불신하는 눈으로 바라보는 사람이 많이 있을지도 모른다. '전쟁을 일으키는 원인이 될 수 있다'

고 하는 등, 엉뚱한 의견을 내세워 부정적인 이야기를 하는 사람이 일본인의 과반수이다.

그러나 사실은 그것과는 정반대로 조국애가 없는 자가 전쟁을 일으킨다. 일본에서는 그다지 좋은 이미지로 이야기할 수 없는 '애국심'이라고 하는 단어에는 두 가지 종류의 사상체계가 흐르고 있다. 하나는 '내셔널리즘'이다. 내셔널리즘이라고 하는 것은 다른 나라는 어찌되어도 좋으니까 자국의 국익만을 추구한다고 하는 비열한 사상이다. 국익주의라고 해도 된다. 이것은 전쟁으로 이어지기 쉬운 사고방식이다.

한편, 내가 말하고자 하는 조국애는 영어로 말하면 '패트리어티즘patriotism'에 가깝다. 패트리어티즘이라고 하는 것은 자국의 문화, 전통, 정서, 자연 등, 이러한 요소들을 각별히 사랑하는 것이다. 이것은 아름다운 정서이며 온 세계의 국민들이 절대적으로 가지고 있어야 할 것이다.

내셔널리즘이라고 하는 것은 불결한 사고방식이다. 일반 사람들은 경원시하는 것이 바람직하다. 다만 정치가라든가 관료라든가 나라를 대표해서 세계를 접하는 사람들은 당연히 어느 정도의 내셔널리즘을 지니고 있지 않으면 곤란하다.

세계의 지도자가 예외 없이 국익밖에 생각하고 있지 않기 때문이다. 일본의 지도자만이 '내셔널리즘은 불결하다'고 하면서 고매한 사상으로 일관하고 있으면 일본은 크게 손실을 발생시켜 버린다. 그리고 그러한 사상만을 고집하다가 일본은 세계 정세로부터 안정과 번영조차 위협을 받는다. 일반 국민은 내셔널리즘을 경원시하면서 리더들의 균형을 유지하는 내셔널리즘을 용인한다고 하는 어른들의 태도가 필요해 진다. 현실 세계를 보면 유감스럽지만 더블 스탠더드_{이중잣대}라는 방법을 취하여 현실을 추구해 나아갈 수밖에 없다. 물론 리더들의 과잉 내셔널리즘에 대한 경계심은 태만히 해서는 안 된다.

'애국심'이 아니라 '조국애'를

나는 언젠가 미국인 외교관에게 "당신은 내셔널리스트인가?"하고 물었던 적이 있다. 그랬더니 그는 "오우 노우!"하고 부정했다. 거기까지는 일단 분위기가 좋았다.

그런데 "패트리엇_{patriot}이냐?"고 물었다. 그랬더니 대답은 "물론"이라고 말하고서 이번에는 화를 냈다. 자기가 태어난 조국의 문화, 전통, 자연, 정서를 각별히 사랑하는 것은 당연한 것 중에서 가장 당연한 것이다. 외교관이면서 그러한 질문을 받는다는 것을 모욕으로 받아들인 것이다.

메이지시대에 이르러 형성되었을 것이라고 여겨지는 애국심이라고 하는 단어에는 처음부터 '내셔널리즘_{국익주의}'과 '패트리어티즘_{애국심}'의 두 가지 요소가 흐르고 있었다.

메이지시대 이후에 이 두 가지의 요소, 즉 미美와 추醜의 두 개의 실을 가지고 새끼줄을 꼬아서 만든 '애국심'이 나라를 혼란으로 이끌어 버린 것 같은 느낌이 든다. '단어 = 사고 language equal thought'이다.

이 두 가지를 엄격하게 구별하지 않았기 때문에 전후에는 GHQ_{연합군총사령부}의 깃발 아래에서 전쟁 원흉으로 모두 다 내몰려져 버렸다. 일본이 현재 직면하고 있는 괴로운 처지의 대부분은 조국애의 결여 때문에 발생한다고 해도 과언이 아니다. 전후에는 조국애라고 하는 단어조차 없는 것처럼 여겨졌기 때문에 이와 같은 정서가 희박해진 것도 당연하다. '단어 = 정서 language equal emotion'이기도 하다.

애국심이라고 하는 단어는 의식적으로 사용하지 않는다. 손때가 묻어서 더러움으로 뒤범벅되었기 때문이다. 그 대신에 '조국애'라고 하는 단어를 사용하고, 그것을 넓혀가려고 생각하고 있다. 단어 없이는 정서가 있지 않기 때문이다.

제5장
'무사도정신'의 부활을 꿈꾸며

무사도의 최고 미덕으로서
'패자에 대한 공감', '약자에 대한 애정',
'열등한 자에 대한 동정' 등을 열거하고 있다.
그야말로 '측은'을 가장 중요시하고 있다.
이러한 것들은 기독교 신자들에게는 받아들이기가 용이하다.
왜냐하면 이 덕목은 '자비심'에 가까운 개념이기 때문이다.
측은은 현재와 같은 시장 경제에 의한
약육강식의 세계에 있어서는
특히 중요한 덕목이라고 생각한다.

나는 '비겁을 증오하는 마음'을 확실하게 갖지 않으면 안 된다고 생각하고 있다.
법률의 어디를 보아도 '비겁한 행위는 안 된다'고 하는 조항은 없다.
그래서 더욱 중요하다. '비겁을 증오하는 마음'을 기르기 위해서는
무사도정신에 준하는 유교적인 가족의 유대도 부활시키지 않으면 안 된다.

정서를 함양하는 무사도정신

미적 감수성과 일본적 정서를 함양함과 동시에 인간에게는 일정한 정신의 틀_{양식}이 필요하다. 논리라고 하는 것은 수학적으로 말하면 크기와 방향만으로 결정할 수 있는 벡터와 같은 것이기 때문에 좌표축이 없으면 어디에 있는지 알 수 없게 된다. 인간에게 있어서 좌표축이라고 하는 것은 행동 기준, 판단 기준이 되는 정신의 틀_{양식}, 즉 도덕이다. 나는 이러한 정서를 함양하는 정신의 틀_{양식}로서 '무사도정신'이 부활해야 한다고 20여 년 전부터 생각해 오고 있다.

무사도는 가마쿠라 막부_{鎌倉幕府, 1192~1333} 시대 이후 일본인의 행동 기준, 도덕 기준으로서 기능을 발휘해 왔다. 이 가운데에는 자애, 성실, 인내, 용기, 측은 등이 포함되어 있다. 측은이라고 하는 것은 타인의 불행에 대한 민감한 감정이다.

여기에 덧붙여서 '명예'와 '수치심'의 의식도 있다. 명예는 생명보다도 중요하다는 것은 실로 훌륭한 사고방식이다.
이 무사도정신이 오랜 세월에 걸쳐서 일본의 도덕을 유지해
온 중핵적인 요소를 이루었다.

일본의 풍토에 적합한 사상

　무사도는 원래 가마쿠라 막부시대 '전투의 규칙'이었다.
말하자면 전투가 벌어지는 전쟁터에서 페어플레이 정신을
강조했던 것이라고 할 수 있다.

　그러나 260년 동안의 평화로운 에도시대江戸時代에 무사도
는 무사도정신으로 세련화되어 모노가타리物語, 이야기, 조루리
淨瑠璃, 낭송 대사곡, 가부키歌舞伎, 전통 무대극, 강담講談, 야담 등의 예
술 양식을 통해서 상인 계층인 초닌町人과 농민들에게까지
전해졌다. 무사 계급의 행동 규범이었던 무사도는 일본인 전
체의 행동 규범으로 변모해간 것이다.

　최근 서구의 역사학자들 사이에 에도시대를 재조명하는
움직임이 활발해 지고 있다. 그들이 흥미를 느끼고 있는 것

은 에도시대의 높은 문화 수준과 당시에 형성된 에콜로지에
관한 것뿐만이 아니다. 유럽의 귀족은 지배자로서 권력, 교
양, 부富 등의 세 가지 요소를 거의 독점하고 존경을 받았다.
그런 점에 비해서 서민들로부터 존경을 받아온 에도시대의
무사들은 권력과 교양은 거의 독점하고 있었지만, 전혀 돈이
없었다고 하는 것에 한결같이 놀랐던 것이다.

　더구나 자신의 부하보다도 돈이 없었다고 하는 무사의 가
난함에 대해서는 이소다 미치후미磯田道史가 쓴《무사의 가계
부》에 상세하게 묘사되어 있다.

무사도에는 여러 가지 정신이 유입

　무사는 무사도정신이라고 하는 미덕을 가장 충실하게 실
천하고 있다고 하는 점에서 사람들한테서 존경을 받았다. 말
하자면 무사는 금전보다도 도덕적 가치를 우위에 두었기 때
문에 평민들한테서 존경을 받았으며, 이것은 일본인의 고차
원적인 정신성의 발로이다.

서양의 기사도는 기독교의 영향 아래 발생했는데, 말을 타고 싸울 수가 없게 되자 영국에서 다시 여러 가지 요소를 덧붙이고 내용을 심화시켜서 신사도로 승화되었다. 기사도와 마찬가지로 무사도에도 여러 가지 정신이 유입되어 있다.

우선 불교, 특히 선禪을 통해서 운명을 받아들이는 평정平靜한 감각과 삶을 가벼이 보고 죽음을 친숙하게 여기는 마음을 터득했다. 유교로부터는 군신유의君臣有義, 부자유친父子有親, 부부유별夫婦有別, 장유유서長幼有序, 붕우유신朋友有信 등 '오륜의 도'를 받아들였으며, 위정자들이 백성에 대해서 취해야 할 덕목인 '인자仁慈'를 받아들였다. 신도神道에서는 주군에 대한 충성, 조상에 대한 존경, 부모에 대한 효행 등의 미덕을 받아들였다.

가장 중심에 있는 것은 일본에 오랜 옛날부터 존재해 있었던 토착적인 사상 체계이다. 일본인은 고대 국가에 해당하는 만요슈시대万葉時代는 물론이고 상상하기에는 석기시대에 해당하는 죠몬시대繩文時代에 있어서조차 '비겁한 일을 해서는 안 된다'고 했으며, '힘센 사람이 약한 자에게 해를 끼쳐서는 안 된다'고 하는 피부 감각적인 도덕관과 행동 기준을 가지고 있었던 것이 아닌가 하고 생각한다.

'선禪과 유교는 외국에서 들여온 제도가 아니냐?'라고 하는 사람이 있을지도 모른다. 물론 선은 중국에서 발생된 것이지만, 중국에서는 전혀 뿌리를 내리지 못했다. 그것이 가마쿠라 막부시대鎌倉幕府에 일본에 와서 비로소 순식간에 뿌리를 내렸다. 이것은 선이 중국인의 사고방식과는 서로 부합되지 않는 것으로서 오히려 일본인이 다져온 토착 사상과 적합성이 매우 높았다고 하는 것이다.

선과 유교는 일본인들 사이에 오래전부터 있었던 가치관이다. 이것을 이론화한 것은 중국인이라는 것이다. 그리고 언제나 그런 것처럼 일본인은 그것을 신도 등의 사상과 융합시키면서 일본적인 것으로 변화시켰고, 무사도정신으로 승화시킨 것이다.

무사도정신

무사도정신은 전쟁이 끝난 1945년 이후부터 급격하게 쇠퇴해 버렸지만, 실은 이미 그에 앞서서 쇼와시대1925~1989 초기 무렵부터 조금씩 상실하기 시작했다. 그것이 원인이 되어

일본은 루거우차오사건蘆溝橋事件, 1937 이후의 중국 침략이라는 비겁한 행위를 하게 되었던 것이다. 《나의 투쟁》을 저술한 히틀러와 동맹을 맺는다고 하는 어리석은 일을 자행한 것도 무사도정신이 쇠퇴했기 때문에 발생된 일이다.

나는 러일전쟁과 태평양전쟁은 그 시기에 일본의 독립과 생존을 위해서 다른 방법이 없었다고 생각한다. 그와 같은 전쟁 이외에 어찌해야 할 방법이 없는 상황을 만들었던 것이 바람직하지 않았던 것이다.

그러나 중일전쟁은 다르다. 책략가인 스탈린과 모택동의 꼬임에 빠져들었다고는 할지라도 당시의 중국을 침략해 들어간 것은 전혀 무의미한 '약자에 대한 이지메'였다. 무사도정신에 비추어보면 그것을 더욱더 수치스러운 일이었고 비겁한 행동이었다. 지금의 시점에서 헤아려 보면 에도시대는 점점 시간적으로 멀어지는 시대이고, 메이지시대는 끝났으며, 무사도정신은 쇠퇴해 버렸다.

도발의 여세를 몰아 당시의 중국으로 공격해 들어갔으면 패할 리는 없다. 그 당시 중국에는 공군조차도 거의 없었기 때문이다. 제공권을 장악한 일본이 우선 하늘에서 폭탄을 투하하고, 그 후에 육군을 투입시켜 공격해 들어가면 몇 차례 공격을 해서 일본이 이기는 것은 빤한 일이다. 약한 자를 괴롭히려는 전쟁을 치루고 있었기 때문에 육군 장비의 근대화가 늦어졌으며 '노몬한 사건1939'에서는 소련의 기갑사단에 형편없이 패해 버렸던 것이다. 무의미한 행위에 대해서 수치스럽게 여겨야 할 관동군의 폭주였다. 그렇기 때문에 천황, 정부, 육군의 모두가 필요 이상으로 깊숙이 관여하는 것을 반대했던 것이다.

이와 같이 약한 자를 이지메했다고 하는 것은 일본 역사의 오점이다. 메이지시대 이후에 서구의 열강이 예외 없이 약한 자를 이지메라고 하는 비겁한 행동을 자행했다고 할지라도, 우리 일본마저 그것을 배웠다고 하는 것은 무사도정신이 쇠퇴하고 있다는 것을 보여 주는 증거이다. 전후에는 벼랑에서 굴러 떨어지는 것과 같이 무사도정신은 사라져 버렸다. 그러나 아직 다소는 숨을 쉬고 있다. 지금 무사도정신을 일본인의 틀양식로서 회복시켜 나아가지 않으면 안 된다.

무사도라고 하는 것에 대한 명확한 정의는 없다. 무사도정신을 세계에 널리 알린 사람은, 1920년대에 국제연맹 사무차장을 역임한 적이 있는 교육자이자 외교가인 니토베 이나조新渡戸稻造, 1862~1933는 유려한 영문으로 《Bushido : The Soul of Japan 무사도, 일본의 정신》을 저술했는데, 이것은 외국인에게 일본인의 근저에 있는 틀양식을 해설하기 위해서 니토베 이나조가 해석을 곁들인 무사도이다. 1716년경에 저술된 무사의 덕목을 제시한 책으로서, 특히 "무사도라고 하는 것은 죽음이다."라는 표현으로 유명한 고전 《하가쿠레葉隱》 경우도 야마모토 쓰네토모山本常朝라는 무사가 구술로 제시한 것을 기록한 책에 불과하다.

그래도 나는 역시 니토베 이나조의 《무사도》를 좋아한다. 내 자신이 추천하고 있는 '무사도정신'도 대부분은 니토베의 해석에 근거하고 있다.

니토베의 무사도 해석에 기독교적인 사상이 들어가 있는 것은 확실하다. 그것이 원래의 가마쿠라시대의 전투 수칙으로서의 무사도와는 차이가 크다고 하는 설도 인정하고 있다. 그러나 중요한 것은 무사도의 정의를 명확하게 하는 것뿐만이 아니라 '무사도정신'을 회복시키고 있는 점이다.

적어도 니토베의 무사도는 어렸을 때부터 접해왔던 행동기준과 동일하다. 그런 의미에서 근대 무사도는 니토베의 책에 가장 잘 나타나 있다고 생각한다.

니토베 이나조의 생애

니토베 이나조는 남부 번南部藩, 지금의 이와테현의 무사의 아들로 태어나서 홋카이도 대학의 전신이었던 삿포로농학교札幌農學校에서 농학을 공부한 후에 미국에 유학을 가서 기독교 퀘이커파의 영향을 받았다. 이후에 귀국하여 삿포로농학교 교수, 대만에 설치되어 있던 대만총독부의 식산과장, 교토제

국대학 교수, 제일고등학교 교장, 도쿄여자대학 초대 학장 등을 역임한 자로서, 전쟁이 발발하기 전부터 굴지의 국제인이었다. 그는 어느 날 벨기에인 법학자와 산책을 하면서 "일본에는 종교 교육이 없다."고 하는 이야기를 했더니, "종교 없이 어떻게 도덕 교육이 이루어지느냐?"고 하면서 깜짝 놀랐다고 한다. 그래서 곰곰이 생각해 본 결과 자신의 정사 선악正邪善惡의 관념을 형성하고 있는 것이 유소년기에 몸에 다져진 무사도였던 점을 깨닫게 되었던 것이다.

기독교 사상가이기도 하면서 성서학자이자 문학가인 우치무라 칸조內村鑑三, 1861~1930라든가, 일본의 전통 미술의 가치를 드높이고자 활동한 미술 운동가인 오카쿠라 텐신岡倉天心, 1862~1913이라는 동시대인과도 공통적인 사상인데, 니토베는 일본인의 혼을 서양인으로 하여금 알 수 있게 하고 싶다고 하는 뜨거운 열망을 품게 된 것이다. 그래서 무사도에 대해서 영어로 소개할 것을 생각해 냈다. 서양인들도 알기 쉽게 에머슨이라든가 스펜서를 인용하기도 하고, 그리스 철학과 성서, 셰익스피어, 니체 등의 인물들과 비교하기도 했으며, 고전 연구가로서 일본의 역사서인 《고지키古事記》 등을 연구한 모토오리 노리나가本居宣長와 에도시대 말기의 사상가이자 병학자인 요시다 쇼인吉田松陰, 1830~1859 등의 인물들이 강조했던 내용을 인용하면서 무사도정신의 본질에 대해서 써내려갔다.

니토베 이나조에 의해서 무사도가 집필된 것은 메이지 32년으로 마침 청일전쟁₁₈₉₄과 러일전쟁_{1904~5}의 사이에 해당하는 시기이다. 이 시기는 온 세계의 시선이 청나라를 물리친 신흥 국가 일본에 집중되면서 경계심도 갖기 시작한 시기에 해당한다.

1899년 미국에서 《Bushido : The Soul of Japan 무사도, 일본의 정신》이 출간되자 대대적인 칭찬을 받았다고 한다. 감격한 당시의 대통령 시어도어 루스벨트는 이 책을 수십 권이나 사서 자녀와 친구, 그리고 다른 나라의 수뇌들에게 증정했다고 한다.

스스로 무사도정신을 실천

니토베 이나조는 흔히 '동양과 서양의 가교 역할자' 등으로 불리고 있는데, 그의 눈은 서양에만 향하고 있었던 것은 아니다. 《무사도》가 세계적으로 베스트셀러가 되었으며, 국

제적인 명성을 얻은 뒤 니토베는 2년 후에 대만총독부의 식산과장으로 부임했다.

당시의 대만은 일본 식민지가 된 지 6년밖에 지나지 않았고, 말라리아, 콜레라 등의 전염병이 만연하는 미개의 땅이었다. 니토베의 위대함은 그곳에서 일개 과장으로서 최선을 다하여 대만의 농업을 개혁했으며 제당산업製糖産業을 부흥시켰던 데에 있다. 그 결과 대만의 제당산업을 쇼와시대 초기에는 하와이와 세계 제1위를 다툴 정도로 성장했다. 몸과 마음을 아끼지 않고 불도를 닦는다고 하는 불석신명不惜身命이라고나 해야 할지, '공公에 봉사한다'고 하는 무사도정신을 보기 좋게 실천했던 것이다.

니토베는 무사도의 최고 미덕으로서 '패자에 대한 공감', '약자에 대한 애정', '열등한 자에 대한 동정' 등을 열거하고 있다. 그야말로 '측은'을 가장 중요시하고 있다. 이러한 것들은 기독교 신자들에게는 받아들이기가 용이하다. 왜냐하면 이 덕목은 '자비심'에 가까운 개념이기 때문이다. 측은은 현재와 같은 시장 경제에 의한 약육강식의 세계에 있어서는 특히 중요한 덕목이라고 생각한다.

미의식의 기본

니토베는 일본인의 미의식에도 언급하고 있다. "무사도의 상징은 사쿠라꽃이다."라고 니토베는 말하고 있다. 그리고 사쿠라와 서양인이 좋아하는 장미꽃을 대비해서 이렇게 언급하고 있다.

"사쿠라꽃은 그 아름다움의 고아미려高雅美麗가 일본 국민의 미적 감각에 호소할 수 있는 점, 다른 어떠한 꽃도 비교할 바가 아니다. 장미에 대한 서양인들의 찬미를 일본인들은 따로 떼어서 생각할 수 없다."

그리고 모토오리 노리나가本居宣長의 유명한 시 구절을 인용하고 있다.

깊은 산속 떠오르는

아침 햇살 받는 향기로운 사쿠라꽃이어라.

장미는 꽃의 색깔과 향기가 농후하고 아름답지만, 그 감미로운 꽃 아래에 가시를 숨기고 있다. 생명에 대한 강한 집착을 내보이는 것처럼 산뜻하게 꽃이 지지 않고 줄기에 매달린 채 색깔이 변하고 말라간다. 여기에 비해서 일본의 사쿠라꽃은 향기는 연하고, 사람으로 하여금 싫증나게 하지 않으며, 자연의 순리대로 바람이 불면 깨끗하게 진다.

"태양이 동쪽에서 떠올라 아직 동쪽의 섬들을 비추고 있고, 사쿠라꽃의 향기가 아침 공기에 감돌고 있을 때, 이 아름다운 태양의 기운을 들이마시는 것보다 좋은 청징상쾌淸澄爽快한 감각은 없다."

이 청징상쾌한 감각이 일본 민족의 마음, 즉 대화심大和心의 본질이라고 니토베는 말하고 있다.

부친의 가르침

나에게 행운이었던 것은 일이 있을 때마다 이 '무사도정신'을 강조하며 가르쳐 준 아버지가 있었다는 점이다. 아버

지한테서 항상 "약한 자를 이지메하는 현장을 보면 앞장서서 약한 자를 도와라." 라는 이야기를 들어왔다.

아버지는 "약한 자가 이지메를 당하고 있는 것을 보고도 못 본체하는 것은 비겁하다."고 말했다. 나에게 있어서 '비겁하다'고 하는 것은 '너는 살아 있을 가치가 없다'고 하는 것과 똑같다. 그래서 나는 약한 자를 이지메하는 것을 보면 당연히 팔을 걷어붙이고 나서서 도우러 갔었다.

나는 체격이 좋고 힘도 강했기 때문에 반드시 이지메를 하는 자들을 쫓아버렸다. 그것을 아버지에게 말씀드릴 때마다 아버지는 정말로 나의 행동을 기뻐해 주셨다. 어머니는 언짢은 표정으로 "정의의 편을 드는 것도 정도껏 해라. 불량소년이라는 소문이 나서 생활기록부에 기록되기라도 한다면 가고 싶은 중학교에도 못 간다."고 말한 적이 있을 정도이다.

아버지는 "약한 자를 구할 때에는 힘을 발휘해도 좋다."고 확실하게 말씀하셨다. 다만, 다섯 가지의 금지 사항이 있었다.

첫째, 큰 사람이 작은 사람을 때려서는 안 된다.

둘째, 여러 명이 한 사람을 해쳐서는 안 된다.

셋째, 남자가 여자를 때려서는 안 된다.

넷째, 무기를 손에 들어서는 안 된다.

다섯째, 상대방이 울거나 사과하면 곧바로 싸움을 그만 두

아버지의 가르침이 매우 좋았다고 생각하는 것은 '거기에는 아무런 이유도 없다'고 받아들이고 있었던 점이다. 그러한 행동은 그저 '비겁하기 때문'이라는 것으로 충분하다.

나는 그 가르침을 초지일관하여 지켰다. 예를 들면 '남자가 여자를 때려서는 안 된다'고 하는 것은 간단한 설명으로는 납득하기 어렵다. 현실적으로는 때려주고 싶은 여자는 이 세상에 나의 아내를 필두로 해서 산더미만큼이나 많다. 그러나 남자가 여자를 때리는 것은 무조건 안 된다. 어떠한 경우라도 그것은 안 된다. 또한 여기에는 아무런 이유가 없다. 이러한 것을 확실한 틀양식로 해서 가르쳐야 한다는 것이다.

비겁을 증오한다

나는 '비겁을 증오하는 마음'을 확실하게 갖지 않으면 안 된다고 생각한다. 법률의 어디를 보아도 '비겁한 행위는 안 된다'고 하는 조항은 없다. 그래서 더욱 중요하다. '비겁을

증오하는 마음'을 기르기 위해서는 무사도정신에 준하는 유
교적인 가족의 유대도 부활시켜야 된다. 이러한 요소가 있어
온 덕분에 일본의 어린이들은 가게에서 물건을 사는 척하고
물건을 훔치는 등의 나쁜 짓을 하지 않았었다.

어느 나라의 어린이들은 "물건을 훔쳐서는 안 되는 것은
법률 위반이기 때문이다."라고 말한다. 그러한 것은 최저 수
준 국가에 사는 최저 수준의 어린이라고 할 수 있다. '법률
위반이기 때문에 물건을 훔쳐서는 안 된다'는 등의 이야기를
듣고 자란 어린이들은 아무도 보고 있지 않으면 물건을 훔친
다. 목격자가 없으면 위반 사실이 알려지지 않아서 법률로
벌을 주지 않기 때문이다. 어른이 되어서도 법률로 금지되어
있지 않은 일이라면 몇 차례든 범행을 저지르게 된다.

가족의 유대 속에서 자라나고 있었던 일본의 어린이들은
물건을 훔친다면 '부모를 울린다'고 생각하거나, '조상의 얼
굴에 먹칠을 한다'거나 혹은 '하나님이 보고 계신다'고 생각
했었다. 그렇기 때문에 물건을 훔치는 어린이들은 적었다.
비겁한 행동을 하는 자가 적었던 것도 동일한 맥락의 생각을
했기 때문이다. 가족의 유대가 '비겁을 증오하는 마음'을 기
르게 하고, 그 힘을 강화하게 하며, 실제로 그에 대한 실천력
을 발휘하게 한다.

무사도의 장래

니토베는 《무사도》에서 〈무사도의 장래〉라고 제목을 붙인 제일 마지막 장에서 이렇게 기록하고 있다.

"무사도는 하나의 독립된 윤리적 규범으로서는 사라질지도 모른다. 그러나 그 힘은 이 지상에서 사라지지 않을 것이다. …(중략)… 그 상징으로 삼고 있는 사쿠라꽃처럼 사방에서 불어오는 바람에 흩날려 떨어진 후에도 그 향기를 가지고 인생을 풍부하게 하며 인류를 축복할 것이다."

'무사도정신'의 힘은 지상에서 없어지지 않는다. 우선 일본인이 이것을 다시 부활시켜서 볼품없는 논리에만 의존하고 있는 세계의 모든 사람들에게 전해주지 않으면 안 된다고 생각한다.

제6장
왜 '정서와 틀양식'이 중요한가

20세기가 끝날 무렵부터 발호하기 시작한 글로벌리즘은
냉전 이후의 세계 제패를 노리는 미국의 전략에 불과하다.
세계는 이것에 대해서 단호하게
싸움을 하지 않으면 안 된다.
글로벌리즘은
역사적 오류라고 해도 과언이 아니기 때문이다.

인간이 시대와 함께 점점 현명해 지면 전쟁은 언젠가는 종식될 수가 있다.
그러나 인간으로서의 현명함과 지혜는 그대로 후세대에 남겨지지 않는다.
그렇기 때문에 영국의 역사가 토인비가
"인간이라고 하는 것은 역사로부터 배우지 않는 생물이다."
라고 비꼬아서 말했던 것이다.

나는 조국을 너무나도 사랑하고 있기 때문에 사랑하는 일본의 훌륭한 것들을 전달하려고 하면 꼭 뜨거운 열정으로 온몸에 열기가 가득 차 버린다.

그러나 ‘정서와 틀양식’은 일본에 한정해야 하는 것은 아니다. 아름다운 정서와 틀양식은 세계에 통용되는 보편성이 있다. 왜 이 아름다운 정서와 틀양식이라고 하는 것이 중요한가? 그 이유에 대해서는 다음과 같이 열거해 보기로 하겠다. 보편적 가치를 비롯해서 문화와 학문을 창조해야 하는 등의 여섯 개의 항목이다.

① 보편적 가치

아름다운 정서와 틀양식이 중요한 첫 번째 이유는 ‘아름다운 정서와 틀양식은 보편적 가치’라고 하는 점이다.

영국이라는 나라를 주목해 보자. 세계의 모든 국가가 영국이 말하는 것에는 귀를 기울인다. 그러나 영국이 현재 그렇게도 대단한 나라인가 하면 그럴 정도는 아니다. 영국 경제는 20세기를 통해서 거의 사양길을 걸어왔다. 최근에는 상황이 조금 좋아졌지만, 일본의 GDP 절반 정도 규모에 지나지 않는다. 세계 각국은 일본이 말하는 것에는 귀를 기울이지 않으면서, 왜 경제적으로나 군사적으로 중요한 것이 없는 영국이 하는 말에 귀를 기울이는 것일까? 그 이유는 모든 나라들이 영국이 낳은 '보편적 가치' 라고 하는 것에 대해서 경의를 표하고 있기 때문이라고 생각한다.

예를 들면 의회민주주의라고 하는 제도는 영국에서 만들어진 것이다. 문학의 셰익스피어, 디킨스, 역학의 뉴턴, 전자기학의 맥스웰, 진화론의 다윈, 경제학의 케인즈 등 모두 영국인이다.

그리고 컴퓨터, 제트엔진, 레이더도 전부 영국에서 발명되었다. 비틀즈, 미니스커트도 영국에서 비롯됐다. 물론 가장 뒤에 해당하는 항목은 어찌됐든 상관이 없을지도 모른다. 이와 같은 영국이 낳은 보편적 가치에 대해서 세계의 모든 사람들은 존경하는 마음을 가지고 있다는 것이다. 위대한 보편적 가치를 낳은 나라에 대해서 존경하는 풍조는 1세기 동안에 걸쳐서 경제가 사양길을 걸어도 흔들림이 없다는 것이다.

역으로 말하면 일본이 앞으로 500년간 경제적인 대번영을 계속한다고 해도, 그것만으로는 세계의 어느 누구 한 사람도

일본을 존경해 주지 않는다. 세계인들에게 일본은 선망의 대
상이긴 해도 존경의 대상 국가는 아니다. 역시 보편적 가치
라고 하는 것을 창조해 내지 않으면 안 된다는 것이다.

대발견, 대발명에 국한되는 것은 아니다

　　물론 일본은 대부분의 보편적 가치를 창조해 왔다. 세계적
으로도 훌륭한 문학작품은 물론이고, 세계에서 최초로 소설
의 형식을 발명한 《겐지 모노가타리》를 집필한 무라사키 시
키부紫式部라든가, 하이카이俳諧라고 하는 시문학을 확립한 마
쓰오 바쇼松尾芭蕉 등의 문인은 몇 세기만에 한 사람 나올까
말까 하는 위대한 천재이다.

　　세키 타카카즈關孝和 : 1641~1708라고 하는 수학자는 겐로쿠시
대元祿時代 조금 이전의 시기에 '행렬식'을 세계에서 최초로
발견했다. 이과계 대학생 1학년은 어느 나라에서나 이 '행렬
식'을 공부한다. 독일의 위대한 천재인 라이프니츠가 발견
했다고 온 세계 사람들이 생각하고 있는데, 그에 앞선 10년

전에 세키 타카카즈는 그 당시 일본이 쇄국령이 내려진 가운데에 독자적으로 '행렬식'을 발견해서 사용하고 있었던 것이다.

이와 같은 보편적 가치는 계속해서 새롭게 만들지 않으면 안 된다. 다만 이것은 대발견과 대발명에 국한되는 것은 아니다. 주변에 습관화되어 익숙해진 것 중에도 보편적 가치는 있다.

예를 들면 부모에 대한 효도가 한 예이다. 최근에 이르러서는 효도는 없어져 버렸고, 미국이나 영국에 가면 아무도 그러한 일에 대해서 생각하지 않는다. 이러한 나라들은, 사람이 노인이 되면 양로원에 들어가는 것이 당연하다고 생각하는 것 같다.

그러나 일본인 유학생이 미국에 가서 고국에 남아 있는 늙으신 부모를 생각하고 문득 눈에 눈물이 고이면, 아마 그 유학생은 반드시 미국에서 존경받고 신뢰받을 것이다. 부모에게 효도하는 것은 앵글로색슨족 사이에서는 유행하지 않지만, 역시 인간의 마음이라고 하는 것은 밑바닥 깊은 곳에서는 매우 비슷한 데가 있다. 세계 어느 시골 벽지에서 태어난 사람일지라도 마음속 깊은 곳에 호소하고 있는 것의 대개는 보편적 가치라고 말할 수 있다.

파출소와 두부와 이불

　일상생활 속에서 훌륭한 조직이라든가 기술, 지혜라고 하는 것도 마찬가지이다. 가까이 있는 요소 중에 파출소라고 하는 조직도 마찬가지이다. 이러한 조직이 있어서 치안이 매우 양호한 상태로 유지되어 왔다. 대형 영어사전을 보면 파출소라는 단어는 이미 일본어 한자 어휘인 '교번交番'이라는 표기의 단계에서 한 걸음 더 나아가 국제화되어서 '코반ko-ban : 파출소'이라는 가타카나 단어로도 통용된다.

　'스시壽司 : 초밥'도 이미 오래전부터 국제어가 되었으며, 두부豆腐에 해당하는 단어도 이미 국제어가 되어서 미국이나 영국에서 '토푸tofu'라고 하며, 'to'에 악센트를 주어서 발음하면 통한다.

　또 이불을 의미하는 단어는 한자 표기인 '포단布團'으로 쓰면 통하지 않지만 여기에 해당하는 발음인 'futon'의 'fu'를 강조해서 '후-통'으로 발음하면 통한다. '포단_{이불}'은 실용적인 것 같다. 낮에는 접어서 정리해 두면 실용적으로 방을 사용할 수가 있다. 서양인들 사이에서는 이미 '포단_{이불}'을 애용하는 애호가들이 조금씩 증가해 왔다. 보편적 가치가 있는 물건이다.

아주 최근에 미국의 콜로라도대학에 있을 때 동료 교수가 나의 집에 놀러온 적이 있는데, '에다마메_콩'라는 단어를 알고 있어서 깜짝 놀랐다. 작년 여름 우리 집에 머물렀던 캠브리지대학의 교수와 학생들은 "이렇게 맛있는 것은 처음이다."라고 감격했다. 그것으로 보아서 영국에서는 아직 여전히 이러한 맛을 지닌 것은 없는 것 같다.

일본의 아름다운 **정서**와 **틀**_{양식}

일본이 만들어낸 보편적 가치 중에서 최대의 가치는 제4장에서 언급한 '모노노아와레' 라든가 자연에 대한 외경심, 무릎 꿇고 경의하는 마음, 그리움, 자연에 대한 섬세하고 심

미적인 감수성이라는 아름다운 정서이다. 여기에 덧붙여서 무사도정신이라고 하는 일본의 독특한 틀_{양식}이다.

또 아름다운 정서에서 생긴 신도_{神道}도 보편적 가치이다. 프랑스 작가 올리비에 씨는 《일본 대망론_{日本待望論}》에서 "인간과 하늘 사이에 태고의 시대부터 있었던 유대가 상실되었다. 이것을 상실함으로써 서양인은 질식 상태에 놓여 있는데 일본의 신도_{神道}만은 아직 그러한 요소가 살아 있다. 신도야말로 일본의 가장 중요한 문화재이다."라고 하는 점을 강조하고 있다.

발호_{하는} 글로벌리즘

20세기가 끝날 무렵부터 발호하기 시작한 글로벌리즘은 냉전 이후의 세계 제패를 노리는 미국의 전략에 불과하다. 세계는 이것에 대해서 단호하게 대항하지 않으면 안 된다. 글로벌리즘은 역사적 오류라고 해도 과언이 아니기 때문이다.

자본주의를 미국화하기 위해서 냉전 이후에 미국식 시장

경제, 구조 조정이 자유로운 미국식 경영, 주식 중심주의, 미국식 회계 기준 등의 요구사항을 들고 나온 미국은 각국에게 절반은 강제로 받아들일 것을 강요해 왔다. 경제 패턴이 완전히 변화되어 버리고, 어느 나라에서나 빈부의 차이가 급속도로 확대되어 가고 있다. 대도시의 발전과 시골의 쇠퇴가 공통적으로 진행되고 있다.

미국에서 빈부의 차이가 무서울 정도로 커지고 있다는 것은 앞에서 언급했다. 허리케인의 피해를 입은 뉴올리언스에서 피해를 입은 자의 대부분은 빈곤층에 해당하며, 그 중에서도 대부분은 흑인이었다. 경제적으로 유복한 백인은 저지대에서 살지 않기 때문에 거의 피해가 없었다. 뉴욕에서 태어난 어린아이가 만 1세까지 살아남을 확률은 북경보다 낮다고 할 정도이다. 그 정도로 빈부의 차이가 벌어져 있다는 것이다.

하버드대학교 출신의 예일대학교 교수인 사회학자 리스먼 David Riesman이 《고독한 군중》이라는 그의 저서에서 칭한 미국 문화의 담당자로서의 중산 계급은, 미국 자신에게 있어서도 너무도 지나친 시장 경제에 의해서 현저하게 지반이 침하해 버렸다는 것이다. 그 결함이 있는 시스템에 의해서 세계는 압박을 받고 있는 것이다.

획일화하는 세계

글로벌리즘의 중심적 이데올로기인 '시장 경제'는 사회를 소수의 승자 그룹과 대다수의 패자 그룹으로 확실하게 나누는 구조를 지니고 있다. 그렇기 때문에 최근 일본에서 '실패해도 재시도가 통하는 사회', '약자에 대한 위로'라고 하는 형식에 불과한 '립 서비스형식적 발언'의 풍조가 무턱대고 주창되고 있다. 글로벌리즘으로 인하여 지방은 내몰려서 소외되는 구조 속에 놓여 있기 때문에 '중앙에서 지방으로', '지방 분권'이라는 립 서비스가 날뛰고 있는 것이다.

이러한 이유로 인해서 실업자와 중년층과 고령자들의 자살이 급증했으며, 사회에는 살벌한 분위기가 감돌고 있다. 금전 지상주의가 주류를 이루고 있고, 어린이들은 '공부를 한다고 해도 돈벌이를 할 수 없는 상황'에 놓여 있다. 그렇기 때문에 일본은 선진국 중에서도 가장 공부를 하지 않고 있으며, 가장 책을 읽지 않는 참상으로 이어지게 되었다. 정성을 다하여 논밭을 경작해도 규제 완화로 들어오는 값싼 수입 농산물과 경쟁할 수 없기 때문에 농업은 더 가망이 없는 것으로 판단하는 사람이 늘어났으며, 전원은 점점 황폐되어 왔다. 글로벌리즘의 개념하에 형성된 비즈니스 사회에서는 '국어보다도 영어'를 우선하는 상황으로 변질되었다는 점에서 일본인으로서의 기초조차도 흔들리기 시작했다.

이와 같이 경제에서 출발한 글로벌리즘은 넓게는 사회, 문화, 교육 등을 부식시킨다. 최대의 문제는 글로벌리즘이 세계를 미국화하고 획일화시켜 버린다는 것이다. 이것은 비단 경제 분야에 국한되지 않고 필연적으로 문화나 사회를 획일화해 버린다.

21세기는 로컬리즘의 시대

글로벌리즘이 가져오는 효율성은 어느 의미에서는 훌륭한 것이다. 세계가 같은 시스템으로 움직이고, 효율적이고 능률

적인 계기를 마련하는 것은 부정적인 것은 아니다. 그러나 이 논리를 점점 더 진행시키면 어떠한 상황이 될 것인가?

경제적인 것 이외의 의미에서 진정으로 효율적인 세계를 만들고 싶다면, 예를 들면 내일 탄생하는 세계 각국의 모든 어린아이에게는 영어만을 가르치도록 하면 된다. 그러면 30~40년 후에는 이 세계에서 외국어 공부를 하는 등의 수고를 할 필요가 없어지게 된다. 모두가 영어로 의사소통이 가능해 진다. 정치와 경제뿐만이 아니라 모든 면에서 훌륭하고 효율적인 세계가 만들어진다.

내 생각으로는 그러한 세계가 된다면 인간 모두가 다 함께 지구를 폭발해서 사라지는 편이 낫다. 왜냐하면 그러한 세상이 오면 이미 지구는 인간이 살아가기에 충분한 가치가 있는 별이 아니기 때문이다.

효율과 능률은 훌륭할지도 모른다. 그러나 각 국가, 각 민족, 각 지방에 살면서 아름답게 꽃피운 문화와 전통과 정서 등은 그러한 효율이나 능률보다도 훨씬 가치가 높다고 하는 것이다. '기껏해야 경제적인 분야에만 국한된 효율성'이라는 점을 잊어서는 안 된다.

튤립은 확실히 아름답다. 그러나 모든 꽃을 없애고 세계를 튤립으로만 장식해서는 절대로 안 된다. 신슈信州에 가면 길가에 코스모스가 피어 있다. 지바千葉에 가면 유채꽃으로 온통 뒤덮여 있다. 다른 지방에 가면 백합꽃이 있고, 또 다른 지방에 가면 해바라기가 있다. 고산 지대에 올라가면 양귀비가 바위틈에 얼굴을 내밀고 있으며, 바닷가에 가면 하얀 문주란꽃이 피어 있다. 바로 이러한 것들이야말로 아름다운 지구이다. 어떠한 상황이 다가와도 튤립으로 온 지구를 통일적으로 장식해서는 안 된다. 효율과 능률에 현혹되어서 획일화를 진행시켜서는 절대로 안 되는 법이다.

　나는 그러한 의미에서 21세기는 로컬리즘의 시대라고 강조하고 있는 것이다. 세계의 각 민족, 각 지방, 각 국가에 깃들여 있는 문화, 문학, 정서, 틀양식 등을 세계의 모든 사람들이 서로 존중하고 그것을 육성시켜 나아간다. 이러한 로컬리즘의 중핵을 이루는 것이 각 나라가 지니고 있는 보편적 가치이다. 일본인이 갖고 있는 최대의 보편적 가치는 아름다운 정서와 그것이 낳은 자랑할 만한 문화, 그리고 전통이다.

2 문화와 학문의 창조

두 번째로 아름다운 정서는 문화와 학문을 형성시켜 나아가는 데에 있어서 무엇보다도 중요하다고 하는 것이다.

일본의 저명한 수학자인 오카 기요시岡潔는 프랑스에 유학을 다녀온 자로서, 나라여자대학의 교수를 역임했으며,《춘소십화春宵十話》라고 하는 수필집으로도 유명한 천재이다. 기이한 행동이라고 해야 할 에피소드가 많이 있는 교수인데, 어딘가 색다른 특이한 주장 속에 가끔은 본질적인 것이 내포되어 있어서 학창 시절 때 나는 깊은 영향을 받았다.

예를 들면 프랑스 유학을 다녀온 직후에는 "내 자신의 연구 방향을 알았다. 그렇게 하기 위해서는 우선은 하이카이俳諧의 시인인 마쓰오 바쇼松尾芭蕉 유파의 하이카이 작품을 공부하지 않으면 안 된다."고 하는 이야기를 하고, 바쇼의 연구에 필사적으로 몰두했다. 수학을 독창적으로 연구하기 위해서는 정서가 필요하다고 생각했던 것이다. 그 후에 서서히 연구에 착수하더니 20년 정도의 세월이 지나서, 당시 그가 연구했던 분야에서 세계의 3대 난문제로 알려져 있었던 것을 모두 독자적으로 해결해 버린 쾌거를 이루었다. 그는 매일 수학 연구를 하기 전에 한 시간씩 경전을 읊었다고 한다.

오카 기요시 교수는 1960년에 문화훈장을 받았다. 천황과 함께 식사를 하는 자리에서 "수학이라고 하는 것은 어떠한 학문인가?"라는 질문을 받았을 때 "수학이라고 하는 것은 생명의 연소燃燒입니다." 하고 대답했다고 한다. 오카 기요시 교수는 수학상의 발견에 관해서 서양인은 인스피레이션형型, 일본인은 정서형이라고 이야기했다고 전해지기도 한다.

어느 날 신문기자가 "선생님이 말씀하시는 정서라고 하는 것은 무엇입니까?" 하고 물었을 때, 그는 "들에 피는 한 송이의 제비꽃이 아름답다고 생각하는 마음"이라고 대답했다.

우리 수학자들에게 있어서는 매우 이해하기 쉬운 이야기이다. 들에 피는 한 송이의 제비꽃, 그 가련함에 애정을 느끼고, 그 아름다움에 감동한다. 이것이 수학 연구를 하는 데에 있어서 중요하다는 것이다.

수학을 하는 데에 있어서 미적 감각은 가장 중요하다. 편차치나 지능지수보다도 훨씬 중요한 자질이다.

일본인의 독창성

지금까지 언급한 바와 같이 일본인은 미적 감각이 탁월하다. 그 덕분에 세계에서 가장 훌륭한 문학작품을 만들어왔다. 일본의 모든 학문과 예술 가운데 가장 뛰어난 것은 문학이다. 《만요슈万葉集》가 편찬되었을 무렵부터 노벨상이 있었다면 백 편 이상은 거뜬히 받았을 것이다.

문학의 수준까지는 미치지 못했을 것이지만, 일본의 수학은 문학 다음으로 뛰어난 분야라고 생각한다.

3년 전쯤에 의학 분야에서 매년 노벨상 수상 후보로 거론되고 있는 훌륭한 석학 한 분과 대담을 나눈 적이 있다. 그는 입을 열자마자 "만일 노벨상 수상 분야에 수학이 있다면 거뜬히 받을 수 있다고 하던데요."라고 말한 적이 있다.

일본은 문학, 물리, 화학, 생물 등의 분야에서 12명이나 노벨상을 받았는데, 수학은 그것보다도 대단하다. 에도시대江戶

時代에는 앞에서 언급한 세키 타카카즈라는 위대한 천재가 배출되었으며, 다이쇼시대大正時代에는 근대의 일본 최초 국제적인 수학자인 다카기 테이지高木貞治라는 천재가 배출되었고, 현재에 이르기까지 뛰어난 수학자가 끊임없이 나오고 있다.

흔히 평론가라든가 학자들 사이에서는 ‘일본인에게는 독창성이 없다’고 하는 평가들이 나오곤 하는데, 얼토당토 않는 이야기이다. 그러한 이야기를 하는 자들은 자기 스스로에게만은 독창성이 없다는 것을 알 수 있을 터이지만……

문학과 수학이 특히 뛰어나다고 하는 것은 일본인에게 있어서 미적 정서가 특히 뛰어나기 때문이다. 3년 전쯤에 암학회의 특별 강연에서 이 이야기를 했더니, 강연이 끝난 후에 암 연구자들이 다가와서 “내가 연구하는 분야도 정말 똑같은 상황이다.”라고 말해 주었다. 암 연구에도 미적 정서가 가장 중요하다고 한다. 암과 미적 정서가 어떻게 연결되는지는 그 방면에 지식이 없는 나로서는 잘 모른다.

그 후에 토목학회에서 강연을 했을 때도 그들 역시 똑같은 이야기를 했다. 따라서 나는 지금 이과 계열의 모든 학문에 있어서 미적 정서야말로 가장 중요하다고 확신하고 있다.

국가의 **품격**

3 국제인을 육성한다

아름다운 정서가 중요한 세 번째 이유는 정서가 진정한 국제인을 육성한다고 하는 것이다. '국제인'이라고 하면 곧바로 '영어'를 떠올리게 되겠지만, 영어와 국제인은 직접적인 관계가 없다. 여기에서 말하는 국제인이라고 하는 것은 세계 무대에 나아갔을 때 인간으로서 경의를 받는 사람을 의미한다.

나는 고등학교에 재학했을 무렵에 영어에 매우 자신감을 가지고 있었고 각종 모의시험에서도 자주 1, 2등을 다투었다. '내가 일본에서 최고다'라고 믿고 있었다.

그런데 미국과 영국에 갔더니 모두 나보다 영어를 유창하게 해서 깜짝 놀랐다. 미국과 영국에서 국제인이라고 말할 수 있는 사람이 어느 정도 있는가 하면 10퍼센트도 미치지 못한다. 고작해야 몇 퍼센트에 불과하다. 영어를 아무리 유창하게 해도 국제인은커녕 말도 안 되는 사람들이 절반 정도 이다. 초등학교에서 아무리 영어를 가르친다고 할지라도 국제인이 되는 것은 아니라는 것이다. 물론 영어를 잘할 수 있다면 그보다 좋은 것은 없을 것이다. 가정교육으로서 영어를 가르치는 것은 전혀 상관없다. 우리 가정도 1년 동안 영국에서 살다가 귀국한 후 모처럼 터득하게 된 영어를 잊지 않도록 하기 위해서 아이들에게 일주일에 한 번씩 영국인 가정교사와 함께 영어 공부를 하게 했다.

그것은 가정의 방침으로서 수영 학원에 가게 하거나 피아노 학원을 다니게 하는 것과 똑같다. 과외교육에서는 각 가정의 가치관에 따라서 자녀들에게 어느 것을 배우게 해도 상관없다. 그러나 공립 초등학교 교과 과정에 영어를 넣어서는 안 된다.

일본인이 영어를 잘 못하는 이유

　원래 초등학교에서 영어를 두세 시간 공부해도 아무런 보탬도 안 된다. 철저한 교수법을 구사하는 교사의 지도하에 일주일에 열 시간씩이나 공부하면 영어 실력이 조금은 늘어 나겠지만, 그러한 식으로 공부하면 영어보다 훨씬 중요한 국어와 수학이 소홀해 진다. 그와 같은 교육을 중·고등학교에서도 계속하면 영어 실력이 미국인의 50퍼센트, 일본어 실력이 일본인의 50퍼센트인 인간이 된다. 이와 같은 인간은 미국에서도 일본에서도 소용이 없다.

　적어도 하나의 언어에 100퍼센트의 실력이 없으면 인간으로서 정상적인 사고를 할 수가 없다. 언어와 사고는 거의 동일하기 때문이다. 일본의 공립 초등학교에서는 개개인이 각자의 몫을 할 수 있는 일본인을 육성해야 하는 교육기관이기 때문에 영어교육을 해서는 안 된다.

일본인이 영어를 못하는 것은 초등학교 때부터 영어를 가르치지 않기 때문에 그런 것도 아니고, 중·고등학교의 영어 교사가 영어를 잘못 가르치기 때문에 그런 것도 아니다. 일본인이 영어를 잘하지 못하는 이유는 두 가지가 있는데, 첫 번째 이유는 영어와 일본어가 언어 구조상으로 너무나 다르기 때문이다.

미국인들에게 있어서 일본어와 아랍어는 가장 어려운 외국어로 분류되어 있다. 당연히 일본인에게 있어서 영어는 어렵다. 또 일본인이 영어를 못하는 두 번째 이유는 일본에 살고 있는 일본인은 일상생활에서 영어에 대해서 아무런 필요를 느끼지 않기 때문이다. 모국어만으로 의사소통이 충분하다고 하는 것은 식민지가 되지 않았다고 하는 것을 증명하는 것으로서 오히려 명예스러운 일이다. TOEFL 시험에서 일본이 아시아에서 가장 꼴찌라고 하는 이야기가 있는데, 이러한 분위기를 조성한 윗사람들의 노력에 감사해야 하며 자랑해야 할 만한 일이다.

외국어는 관계없다

진정한 의미의 국제인에게는 외국어 실력은 아무런 관계가 없다. 예를 들면 메이지시대明治時代 초기 무렵에 일부 일본인이 해외에 유학을 갔다. 그들의 대부분이 하급 무사의 자제들이었다. 후쿠자와 유키치福澤諭吉, 니토베 이나조新渡戶稻造, 우치무라 간조內村鑑三, 오카쿠라 텐신岡倉天心 등의 인물은 모두 하급 무사의 자제들이었다.

그들은 모두 구미 지역에 유학을 갔다가 좋은 평판을 받고 되돌아왔다. 바다를 건너기 전에 어쩌면 그들은 서구의 에티켓은 거의 알지 못했을 것이다. 레이디 퍼스트숙녀 존중의 예의라든가 포크와 나이프 사용법도 몰랐고, 셰익스피어와 디킨스도 읽지 않았다. 세계사도 세계지리도 잘 몰랐다. 후쿠자와, 니토베, 우치무라, 오카쿠라 등은 예외이지만, 대부분은 가장 중요한 영어조차도 제대로 하지 못했을 것이다. 하지만 그들은 유학간 나라에서 존경을 받고 돌아왔다.

그들의 몸에 배어 있었던 것은 무엇이었던가? 우선 그들은 일본의 고전을 확실하게 읽었다. 그리고 한문 서적, 즉 한문을 잘 알고 있었다. 그리고 무사도정신을 확실하게 몸에 익숙하게 익혔다. 이 세 가지로 존경을 받고 돌아온 것이다. 말하자면 그들은 아름다운 정서와 틀양식로 무장하고 있었던 것이다.

지금 해외에는 백만 명에 가까운 일본인이 살고 있다. 그 중에서 얼마만큼의 일본인이 존경을 받으면서 살고 있을까? 선망을 받고 있긴 하지만 존경을 받고 있는 사람은 아주 극소수가 아닐까?

국제 사회라고 하는 것은 오케스트라와 같은 것이다. 오케스트라에는 예를 들면 관현악기에는 바이올린, 비올라, 첼로, 콘트라베이스가 있다. 그렇다고 해서 바이올린과 비올라와 첼로와 콘트라베이스 등을 모두 합한 것과 같은 음색을 지닌 악기를 만들어서 오케스트라에 참가하려고 해도 당연히 거절당한다. 오케스트라는 그러한 악기는 필요로 하지 않기 때문이다.

바이올린은 바이올린다운 소리가 나야 비로소 악기로서 가치가 있다. 일본인은 일본인답게 생각하고, 사고하고, 행동해야 비로소 국제 사회의 장에서 가치를 발휘한다. 가나인은 가나인답게 생각하고, 사고하고, 행동해야 비로소 가치가 있다고 하는 것이다.

외국어보다도 독서를

내가 기회가 있을 때마다 '외국어에 얽매이지 말라', '젊을 때야말로 명작을 읽어라'고 말하고 있는 이유는 내 자신의 돌이킬 수 없는 과거에 대한 회한이 있기 때문이다. 초등학교와 중학교에 다닐 때에는 고전 명작을 상당히 읽었는데, 대학과 대학원, 그리고 젊은 연구원 시절에는 수학에 몰두해 있었기 때문에 거의 읽지 못했다. 명작 읽는 습관을 되찾은 것은 30대 후반부터였다. 물론 대량으로 책을 읽는 시간적인 여유는 없었으며, 젊은이 특유의 감성도 상당히 상실한 상태였다. 젊었을 때에 감동의 눈물을 흘리며 책을 읽는 것이 누가 뭐라 해도 이상적인 독서 방식이다. 정서와 틀양식을 육성하는 중요한 것은 독서를 통해서 다져진다.

학교를 졸업하고 사회에 나오게 되면 특히 읽어야 할 책이 너무 많아서 명작에는 그다지 손이 가질 않는다. 심리적으로 명작을 읽을 여유도 없다. 명작은 학창 시절에 읽지 않으면 일생 읽을 수 없다고 생각하는 것이 현명하다. 그런데도 나는 여유 있는 시간에 외국어에 너무 몰두해서 그 기회를 잃어버린 것이다.

영어뿐만이 아니라 중·고등학교 시절에는 독일어와 불어에도 시간을 허비했고, 대학 이후에는 러시아어, 스페인어, 포르투갈어까지 손을 댔다. 부끄럽게도 나는 외국어 공부의 오타쿠였던 것이다. 고등학교 때 사 둔 《티보가의 사람들》전5권, 대학교 때 사 둔 《전쟁과 평화》, 다니자키 준이치로谷崎潤一郎가 현대어로 번역한 《겐지 모노가타리源氏物語》전10권 등의 작품은 지금도 책꽂이에 꽂아져 있으며, 그 책들을 바라볼 때마다 그것들이 '아직도 읽지 않는군' 하고 나를 내려다 본다.

물론 어학이라고 하는 것은 못하는 것보다는 잘하는 편이 훨씬 좋다. 그러나 독서에 의해서 배양되는 정서와 틀양식과 교양은 그것과는 비교도 안 될 정도로 중요한 것이다.

인간의 스케일을 크게 한다

정서와 틀_{양식}이 중요한 네 번째 이유는 아름다운 정서와 틀_{양식}은 '인간으로서의 스케일을 크게 한다'는 점이다.

서구인들처럼 '논리적으로 확실하게 하면 좋다'고 하거나, '조리 있게 말하면 좋다'고 하는 사고방식은 지금까지 서술한 바와 같이 서구인들의 사고를 무조건 수용하려는 자세에서 비롯된 착각이다. 만인이 인정하는 공리에서 출발하는 수학과는 달리 속세에서 만인이 인정하는 공리는 없다. 그렇기 때문에 논리를 전개하기 위해서는 스스로 출발점을 정하는 것이 필요하며, 이것을 선택할 능력은 그 사람의 정서와 틀_{양식}에 달려 있다.

논리가 매우 중요한 것은 말할 필요도 없지만, 그것은 세계의 모든 사람이 소리 높여 강조하고 있기 때문에 나는 굳이 말하지 않겠다. 그러나 이 출발점을 선택하는 정서와 틀_양

식의 중요성에 대해서는 세계의 어느 누구 한 사람도 말을 하고 있지 않기 때문에 내가 소리 높여 강조하는 것이다. 이것은 논리와 마찬가지로, 또는 그 이상으로 중요한 일이다.

종합적인 판단력을 높인다

출발점을 적절하게 선정한다고 하는 것은 종합적인 판단력이 높아진다고 하는 것이다. 학교를 졸업해서 사회에 나오면 사람은 여러 가지 점에서 평가를 받는데, 평가 대상으로서 가장 중요한 것은 종합적인 판단력이라고 생각한다.

실제 사회에서는 보통 어느 누가 하는 말도 일단 논리가 통하는 법이다. 터무니없는 말을 하는 것은 상당히 이상한 사람뿐이다. 물론 그러한 사람도 상당히 있겠지만 보통 사람이 하는 말이라면 일단 논리적인 사고만은 통한다.

그러한 '논리적으로 정확한' 것이 여기저기에 산재해 있는 가운데에서 어느 것을 택할 것인가? 그 능력이 그 사람의 종합적인 판단력이다. 거기에는 얼마나 적절하게 출발점을 선택할 수 있을 것인가가 승부수이다. 다른 말로 표현하면 '정서 능력'이다.

물론 세상의 모든 인간의 두뇌 가운데 99퍼센트는 이해득실 관계가 자리를 잡고 있다. 나도 위대한 것처럼 보이는 말을 계속하고 있지만, 항상 이해득실을 생각하고 있다.

다만 인간이 이해득실에 구애를 받는다고 하는 것은 이미 어쩔 수 없는 노릇이다. 인간에게는 생존 본능이라고 하는 것이 있으며, 이해득실로 움직이려고 하는 유전자의 구조로 구성되어 있기 때문이다. 그러나 나머지 1퍼센트는 무엇으로 이루어져 있는가? 이것이 매우 중요한 일이다.

식량 자급률을 재고한다

예를 들면 식량 자급률을 생각해 보겠다. 두뇌의 100퍼센트가 이해득실 관계로 이루어져 있는 사람은 당연히 경제 원리로 사물을 생각한다. 이 좁은 일본에서 농업을 권장하는 것은 어처구니없는 일이다. 미국과 중국 등지에서 값싼 식량을 점점 들여오면 국내에서 생산하는 것보다 훨씬 효율성이 높다. 원래부터 WTO가 농산물을 자유 무역의 범주 안에 넣으려고 하고 있다. 혹자는 이렇게 생각할 수도 있다. 즉, 공산품을 수출하여 자유 무역의 혜택을 받고 있으면서 농산물의 자유 무역을 반대한다고 하는 것은 이기적인 행동이며, 농민들을 보다 효율성이 좋은 산업으로 전환하게 하자, 그러면 소비자는 기뻐할 것이고 나라 전체적으로는 점점 번영할 것이라고 생각하는 부류가 있을 것이다.

한편, '모노노아와레'라고 하는 정서를 강하게 가지고 있는 사람은 전혀 다른 생각을 할 것이다. 농가를 허물어 버리면 논밭이 황폐되어 버린다. 아름다운 전원은 일본이 자랑하는 아름다운 정서와 거기에서 생겨난 문화와 전통의 원천이다. 경제적 이익 따위와는 비교할 수도 없는 요소들이 있다. 누가 뭐라고 해도 농가를 지키지 않으면 안 된다고 생각하고 자급률의 향상을 외칠 것이다.

'모노노아와레'나 미적 감수성이나 측은지심, 이러한 것이 있느냐 없느냐에 따라서 그 사람의 종합적인 판단 능력은 전혀 달라진다. 말하자면 인간의 그릇이 달라지는 것이다.

❺ 인간 **중심주의**를 억제한다

　정서와 틀_{양식}이 중요한 다섯 번째 이유는 정서와 틀_{양식}은 서구의 세계 지배와 함께 세계를 뒤덮은 '인간 중심주의'를 억제한다고 하는 점이다.

　"인간의 목숨은 지구보다 무겁다."라고 하는 말이 흘러나오고 있는데, 사실은 인간의 목숨이라고 하는 것은 바람 불면 날아갈 것 같은 존재이다. 끝없는 우주의 한 점, 새까만 어둠 속에 스쳐 지나가는 한 순간의 섬광과 같은 것이다. 인간은 이렇게도 가볍고 덧없는 것이기 때문에 소중하게 여기자고 하는 것이 정확한 견해이다.

　자기를 사랑해 주고 있는 할아버지와 할머니, 아버지와 어머니가 교통사고로 혹은 심근경색으로 혹은 암으로 순식간에 숨져간다. 그렇기 때문에 그 순간의 삶을 중요하게 생각하여 서로 사랑한다. 이것이 말하자면 본래의 모습이다. "인간의 목숨은 지구보다 무겁다.”라고 하는 것은 인간 중심주의에서 생겨난 위선에서 비롯된 ‘레토릭^{비유 표현}’이라고 생각한다.

인간 중심주의라고 하는 것은 서구에서 개념화된 사상이다. 서구에서 성장한 논리와 합리는 확실히 중요하다. 그러나 그 이면에는 여기에 달라붙어 있는 잘라내기 어려운 ‘인간의 오만’이 있다.

아름다운 정서는 이러한 인간의 오만을 억제하고 겸허함을 가르쳐 주고 있다. ‘인간은 위대한 자연의 극히 일부에 지나지 않는다’고 하는 점을 이해해 주었으면 한다. 환경 문제 등을 생각하면 이러한 겸허함은 앞으로 점점 더 중요하게 부각되어 갈 것이다.

그것뿐만이 아니다. 현대인이 느끼고 있는 어딘지 모르는 한계 인식, 사회에 감돌고 있는 허탈감에는 인간 중심주의에 의해 인간이 자연과 대립 관계에 놓였다고 하는 사실이 깊숙이 영향을 주고 있는 것 같은 느낌이 든다. 이와 같은 대립에 의해서 아름다운 정서를 상실한 것이, 정신의 안정을 손상하고 있다고 생각하는 것이다. 아름다운 정서는 감정이 뒤틀린 마음을 치유하고, 어둡게 가라앉은 마음에 힘을 실어준다. 마음의 안정을 꾀하는 장치와 같은 역할을 하기도 한다.

6 '전쟁을 없애는 수단'이 된다

마지막으로 정서와 틀양식이 중요한 여섯 번째 이유는 그것은 '전쟁을 없애는 수단'이 된다는 점이다. 논리와 합리만으로는 전쟁을 멈추게 할 수가 없다. 이것은 역사적으로 증명되어 있다. 동서고금을 막론하고 어떠한 전쟁에 있어서도 싸우는 당사자 쌍방간에는 명분이 있었다.

자기를 정당화하기 위해서 논리는 얼마든지 만들어 낼 수 있다. 출발점을 선택하는 방법에 의해서 어떠한 논리를 짜맞추는 것도 가능하기 때문이다. 실제로 역사를 돌이켜 보면 논리라고 하는 것은 '자기 정당화를 위한 편리한 도구' 이외에는 아무것도 아니라는 것을 깨달게 된다.

인간이 시대와 함께 점점 현명해 지면 언젠가는 전쟁이 종식될 수가 있다. 그러나 인간으로서의 현명함과 지혜는 그대로 후세대에 이어지지 않는다. 그렇기 때문에 영국의 역사가 토인비가 "인간이라고 하는 존재는 역사에서 배우지 않는 생물이다." 라고 비꼬아서 말했던 것이다.

정서 능력은 축적되지 않는다

　여러분들과 여러분들의 할아버지, 할머니 중에서 어느 쪽이 현명하다고 여기는가? 케이스 바이 케이스라고 생각한다. 그러면 정서 능력은 어떨까? 이것도 어느 쪽이 현명한 것인가와 마찬가지로 축적되어 지지 않는다. 할아버지 할머니가 감당해낼 수 없는 경우도 적지 않을 것이다.

　지식과 기술이라면 시대와 함께 축적되어 간다. 나는 뉴턴이 풀지 못했던 수학 문제를 누워서 식은 죽 먹기로 순식간에 풀어버린다. 이것은 물론 내가 뉴턴보다 머리가 좋아서가 아니다. 내가 수학적 지식으로 뉴턴을 압도하고 있기 때문이다.

　이와 같이 지식과 기술은 축적된다. 그러나 인간으로서의 현명함이라든가 정서 능력은 일대에 한하는 능력이다. 따라

서 논리와 합리적인 것에만 의존하는 한에 있어서는 역사적
으로 증명된 바와 같이 전쟁을 종식시킬 수는 없다.

인류의 당면 목표

인류의 궁극적인 목표가 무엇인가 하는 것은 나로서는 잘
모르겠다. 자연과학자에게 물어보면 '진리의 해명'이라고
대답하는 사람이 많다.

나도 '진리가 해명되었으면 좋겠다'고 생각한다. 죽은 후
에 어떻게 될 것인가? 우주의 끝은 어떻게 되어 있는 걸까?
뭐든지 알면 좋겠다는 생각을 한다. 그러나 진리의 해명이
인류의 궁극적인 목표인지 어떤지는 잘 모르겠다.

당면 목표라면 확실하다. 이것은 '두 번 다시 전쟁을 일으
키지 않겠다. 대전쟁에 휘말릴 수 없다'고 하는 것이다. 대전
쟁이 일어나면 뭐든지 끝장이다. 어떻게 해서든지 이것을 막
아야 한다.

몇 차례나 이야기한 바와 같이 논리와 합리만으로는 전쟁

을 막을 수가 없다. 일본인이 가지고 있는 이 아름다운 정서와 틀_{양식}이 전쟁을 저지하는 유력한 수단이 된다.

일본의 신성한 사명

　비겁을 증오하는 마음이 있으면 약소국을 침공하는 것을 망설인다. 측은지심이 있으면 여자, 어린이, 노인밖에 없는 거리에 대공습을 가하거나 원자폭탄을 떨어뜨리거나 하는 행동을 망설인다. 점령한 패전국의 문화, 전통, 역사를 가볍게 뭉개어 버릴 것 같은 행동도 망설인다.

　미적 감수성이 있으면 전쟁이 모든 것을 추악하게 만들어 버리는 것을 알고 있기 때문에 어떠한 이유가 있어도 망설인다. 고향을 그리워하여 눈물을 흘릴 것 같은 사람은, 다른 나라 사람들에게 처해 있는 유사한 생각도 잘 이해할 수 있기 때문에 전쟁을 시작하는 것을 망설인다.

　서구의 정신 구조는 '대립'에 바탕을 두고 있다. 그들에게 있어서 자연은 인간의 행복을 위해서 정복해야 할 대상이며,

다른 종교와 이질적인 가치관은 배제해야 할 대상이다. 이것에 반해서 일본인에게 있어서 자연은 신이고, 인간은 그 일부로서 일체화한다. 바로 이 자연에 대한 차이가 서구인과 일본인 사이에 본질적인 차이를 만들고 있다.

일본인은 자연에 조화하면서 살아왔기 때문에 이질적인 가치관과 종교에 대해서 쇄국에 의한 금교령禁敎令이 있었던 시기를 제외하고, 완고하게 배제하는 행동은 하지 않았다. 그것을 일단 받아들여서 일본적인 것으로 바꾸어서 조화를 이루었던 것이다.

정신에 '대립'이 깃들어 있는 한 전쟁을 시작하려고 하는 싸움은 끊임없이 이어진다. 일본인의 아름다운 정서의 원천에 있는 '자연과의 조화'도 전쟁 폐지라고 하는 인류의 비원悲願에 대한 열쇠가 되는 것이다.

일본인은 이러한 것을 세계에 널리 알려야한다. 서구를 비롯한 아직 미개한 사람들에게 본질이라고 하는 것이 무엇인지를 알려주어야 한다. 이것이야말로 '일본의 신성한 사명'인 것이다.

제7장

국가의 **품격**

영국은 천재가 배출되는 나라인데,
그 전원 풍경은 실로 아름답다.
캠브리지대학과 옥스퍼드대학 등 고색창연한 건물이
1년 내내 싱싱한 푸른 잔디에 비치는 모습은 꿈과 같다.
아일랜드도 에메랄드 섬으로 알려질 정도의
초록빛과 웅대하고 환상적인 자연미가 있다.

천재가 배출되기 위해서는
눈에 보이는 역할을 할 수 없는 것과 정신성을 존중하는 토양,
미의 존재, 무릎을 꿇고 경의하는 마음 등이 필요하다.
시장 원리주의는 이러한 모든 것을 싹둑싹둑 잘라버린다.
미국이라고 하는 반례가 있지 않느냐고 말하는 사람도 있겠지만, 옳지 않다.
미국은 그 부富와 세계 제일의 연구 조건에 매혹되어 유입하는
세계 각국의 천재와 수재들에게 지탱을 받고 있는 것이다.
몇 가지의 이유로 타국 인재들의 유입이 단절된다면 그것으로 끝장이다.

'국가의 품격' 상실

　전후 일본은 높은 고도성장을 일관해 왔다. 그리고 일본인
들의 생활은 매우 풍족해 졌다. 이것이 역사상 보기 드문 석
세스 스토리였음에 틀림없다. 그리고 여기에 이의를 제기할
생각은 없다.

　그러나 번영의 반대급부로 일본이 상실한 것은 너무나도
컸다. '국가의 품격'이 급격하게 실추해 버렸기 때문이다.

　일본이 국가의 품격을 회복하기 위해서 일본인들은 어디
에서부터 손을 대어야 하며, 무엇을 해야 할 것인가? 이 문제
에 대해서 생각해 보고자 한다.

나는 최근에 미국인과 결혼해서 텍사스 주에 50년 남짓 살아온 일본인 여성을 만났는데, 그녀에게서 매우 흥미진진한 이야기를 들었다.

옛날에 일본 기업 주재원의 어린이들은 학교에 다니기 시작했을 때에는 영어를 전혀 하지 못하여 콤플렉스를 느껴왔다. 그러나 수학만큼은 반드시 1등을 차지하고 있었기 때문에 그것을 버팀목으로 삼아서 어떻게든 열등감을 견뎠다. 미국 어린이들도 일본 어린이가 전학해 오면 "럭키!" 하고 외치며 기뻐했다. 왜냐하면 일본 어린이가 미국 어린이의 수학 문제 풀이를 도와주었기 때문이다.

그런데 최근에 와서 일본 어린이들의 수학 실력이 미국 어린이들과 비슷해져 버렸다는 것이다. 요컨대 일본의 수학 수준이 미국과 똑같은 수준으로 떨어져 버린 것이다. '대관절 어떻게 하면 좋을까?' 하고 미국 국적을 취득했으면서도 불구하고 열렬한 조국애를 가지고 살아온 이 여성은 어두운 표정으로 한탄하며 내 얼굴을 쳐다보았다.

　내가 미국의 대학에서 강의를 하고 있었을 무렵, 텍사스 주의 주립대학 1학년의 수학 실력은, 이공계는 일본의 고등학교 2학년 1학기 정도의 수준이고, 문과계는 일본의 중학교 3학년 정도의 수준이었다. 그것이 최근 20년에 걸친 '유도리 교육 여유있는 자유 교육'이 철저하게 실시되어 적어도 초등학생 단계의 수학에서는 동일한 수준이 되어 버렸다. 미국의 대학원에 유학을 가는 일본인 학생들을 바라보는 미국인들의 시선도 최근에는 상당히 엄격해 졌다.

국가의 저력과 수학

　학교 수학의 수준이 미국과 나란해졌다고 하는 것은 나한테는 두렵다는 생각이 든다. 초·중등교육이 충분히 기능을 발휘하지 않아도 어떻게든 국가가 유지되는 나라는 이 세상

에서 미국밖에 없다. 다른 나라와는 현격한 차이가 나는 미국의 부富에 이끌려서 세계의 천재들과 수재들이 연구자, 기술자로서 찾아오기 때문에 미국인들의 수준이 낮아도 국력이 쇠퇴하는 경우는 없다.

초·중등교육이 무너지면 당연히 고등교육도 뒤진다. 실제로 많은 수의 이공계 대학원에서는 상당히 오래전부터 미국인의 비율이 50퍼센트를 밑돌고 있다. 미국인과 중국인이 4분의 1씩 차지하는 곳도 있다고 한다. 하지만 최우수 유학생은 미국 대학의 연구소와 기업에서는 여전히 높은 봉급으로 세계 도처에서 건너간 우수 인력들을 확보하고 있기 때문에 미국은 위태롭지가 않다.

한편 일본과 같은 좁은 국토와 빈곤한 자원을 가진 나라는 초·중등교육이 생명선이다. 국민의 높은 지적 수준이 일본의 번영을 이룩하는 원동력이었고, 앞으로도 그렇기 때문이다. 게다가 다른 나라의 천재와 수재는 좀처럼 일본에 와주지 않기 때문에 일본이 스스로 두뇌를 만들지 않으면 안 된다. 초중학교 학생의 학력이 미국과 동일한 수준이 된다는 것은 말도 안 되는 일이다. 특히 수학과 산수에서 미국과 수준이 똑같아졌다고 하는 것은 있을 수가 없는 일이다. 그 이유는 수학과 이론물리학의 수준은 사실 그 나라의 종합적인 국력과도 깊숙이 관계하고 있기 때문이다.

어떠한 나라에서도 경제적으로 발전할 경우 늘 공업 발전이 토대를 이룬다. 금융과 서비스에 의한 번영은 거품에 의한 번영이며 계속 성장하지 못한다. 어느 나라에서나 다소의 재능이 있으면 바로 모방을 할 수가 있기 때문이다.

한편 공업이 발전하기 위해서는 고급 수준의 자질을 지닌 노동자 이외에 그것을 지탱해가는 기초 실력으로서의 수학과 이론물리학이 강하지 않으면 안 된다. 공업과 엔지니어링, 테크놀로지 등은 어떤 의미에서는 '형이하학'에 해당하는데, '형이상학'에 해당하는 학문인 수학과 이론물리학의 수준이 높지 않으면 장기적인 발전을 전망하기가 어렵다.

그러나 이것은 수학과 이론물리학이 양호하면 장기적으로 경제 발전이 이루어진다는 것을 의미하지는 않는다. 이에 대한 반례反例로서 영국과 구소련 같은 케이스가 있다. 내가 강조하고 싶은 것은 장기적으로 경제 발전을 하는 나라는 반드시 수학과 이론물리학이 양호하다고 하는 것이다. 이점에 대해서는 역사상 반례가 없다. 즉, 장기적인 번영을 하기를 원한다면 강력한 수학과 이론물리학을 유지하지 않으면 안 된다고 하는 것이다.

브라질의 세기?

　내가 연구하고 있는 수학 따위는 국가 발전에 직접적으로는 아무런 역할도 하지 못한다. 혹시 500년이 지나서부터 역할을 할지 모르겠지만, 현재의 단계에서는 그것조차 알 수가 없다. 그래도 이러한 '직접적으로 역할을 할 수 없는 것'에 목숨 걸고 연구해온 사람의 숫자가 많은 것이 국가의 저력이라고 생각한다.

　그렇기 때문에 한 국가의 장래를 생각할 때 나는 항상 '수학과 이론물리학의 수준은 높은가? 그 지표로서 그 분야에 천재가 배출되고 있는가?'를 헤아려 보고 있다. 그것을 보면 20년 후에 어느 나라가 성장할 것인가, 존경받는 나라가 될 것인가를 잘 알 수 있다.

　나의 평가는 그 시점에서 판단하는 경제계와 매스컴의 평가와는 일치하지 않는 경우가 빈번하다. 그들은 과거 수년간의 GDP의 성장만을 보고 판단하기 때문이다. 그러한 것을 볼 때마다 나는 고개가 갸우뚱해진다.

내가 미국의 대학에 있었던 70년대 전반에 "20세기 이전에 브라질이 일본과 독일을 추월한다."고 하는 이야기를 들은 적이 있다. 그들은 당시 브라질의 산업이 눈부시게 발전했던 것을 보고 인적 자원과 자연 자원에 혜택을 받은 이 나라가 기적의 부흥을 이룬 일본과 독일을 20년 남짓 남겨둔 20세기 이내에 추월할 것이라고 하는 전망을 했던 것이다.

특집기사로서 〈뉴스위크〉지의 표지를 크게 장식한 보도도 있었다. 나는 그것을 보고서 동료 수학자들에게 웃으면서 "그렇게 될 리가 없다."고 말한 적이 있었다.

당시 브라질의 수학은 보잘것없는 것이었다. 순수 수학처럼 금세 눈에 보이는 구체적인 역할을 하지 않는 분야에 우수한 인재가 목숨 걸고 몰두하는 나라만이 결국은 성장한다. 국가에 그와 같은 두터운 연구자층과 연구 환경에 충분한 여유가 없으면 장기적인 발전은 있을 수 없다. 그 무렵부터 나는 그렇게 생각하고 있었다. 적어도 브라질에 관한 한 나의 예상이 맞았던 것 같다.

덧붙여서 말한다면 최근의 브라질 수학은 상당히 수준이 높아졌기 때문에 브라질의 발전 여부는 지금부터 기대된다.

천재가 배출되는 풍토

저력 있는 나라의 지표로서 천재에 대한 이야기를 했는데, 그러면 어떤 조건을 갖추면 천재가 나오는 걸까?

나는 일찍이 《천재의 영광과 좌절》, 《마음은 고독한 수학자》라는 두 권의 책 중에서 천재 수학자들의 생애를 소개했던 적이 있다. 그들이 태어나고 성장한 토양을 체험하기 위해서 각각의 고향을 방문하여 그곳을 거닐었던 적이 있다.

그때 '천재는 어떠한 곳에서 태어나는 것일까?' 하고 의문을 품고 생각해 보았다. 재미있게도 천재는 인구에 비례해서 여기저기에서 출현하는 것이 아니다. 천재는 일정한 나라와 일정한 지역에서만 태어난다.

예를 들면 아일랜드라고 하는 나라는 해밀턴_{1805~1865}이라는 수학의 위대한 천재를 배출했는데, 그는 문학 분야에서도 빛나는 별처럼 활약하여 문학의 천재에 뒤지지 않는다. 조나

단 스위프트, 오스카 와일드, 윌리엄 예이츠, 제임스 조이스, 사무엘 베케트 등……. 세계 문학의 고전에 해당하는 작품을 쓴 작가를 적지 않게 배출하고 있다.

그런데 이 아일랜드라고 하는 나라의 인구는 400만 명에도 이르지 못하고 있다. 일본의 인구로 따진다면 시즈오카현靜岡縣 정도의 규모에 해당하는 나라이다. 여기에서 위대한 천재가 점점 탄생한다. 나는 이것에 대해서 매우 이상하다는 생각을 품었다.

그래서 대부분의 천재에 대해서 조사해 보니까 천재를 낳는 토양에는 세 가지의 공통점이 있다는 점을 깨달았다.

제1조건 '미의 존재'

이에 대한 첫 번째 조건은 '미의 존재'이다. 미가 존재하지 않는 토양에서 천재는, 특히 수학 천재는 태어나지 않는다.

영국은 천재가 배출되는 나라인데, 그 전원 풍경은 실로 아름답다. 캠브리지대학과 옥스퍼드대학 등 고색창연한 건물이 1년 내내 싱싱한 푸른 잔디에 비치는 모습은 꿈과 같다. 아일랜드도 에메랄드 섬으로 알려질 정도의 초록빛과 웅대하고 환상적인 자연미가 있다.

그런데 문제는 인도이다. 고등학교를 졸업한 위대한 천재 수학자 라마누잔1887~1920에 대해서 알아보기 위해서 1990년대 처음으로 인도에 갔다. 나는 그곳에 가서 보고 정말로 깜짝 놀랐다. 어쨌든 인도의 거리는 더럽다. 첸나이마드라스에 가도 뭄바이봄베이에 가도 캘거타에 가도 거리가 무척 더럽다. 사원에도 방문해 보았는데, 미적 정서를 느낄 수 있는 곳은 한 군데도 없었다.

나는 산책을 좋아하기 때문에 첸나이마드라스에 가기 전에 현지에 주재 경험이 있는 무역회사 사원에게 "산책하기에 좋은 곳이 있느냐?"고 물어보았다. 그러자 그는 "아니오, 산책 따위를 할 마음이 생기지 않아요. 치안 상태는 나쁘지 않지만……." 하고 대답해 주었다. '그럴 리가 없다. 걷는 것을 좋아하는 내가 처음 가는 나라에 가서 호텔에 가만히 앉아 있을 수는 없다. 저녁에 선선해지면 한 시간 정도는 산책을 나서자' 하고 내심 생각하고 있었다. 그리고 실제로 몇 차례 산책을 해 보았는데 그것은 뜻밖의 오산이었다.

인도에서 바라보는 미적 요소

인도의 2월은 해질녘에도 기온은 30도 이상이었다. 한길을 걸었을 때에는 발을 디딜 곳에 신경을 써야 할 정도로 불결했다. 도로에는 차와 오토바이, 릭샤자전거가 끄는 인력거가 무서운 소음과 먼지 속에서 레이스를 벌인다. 그 사이를 누비듯이 개와 산양이 도로를 횡단한다. 배기가스에 대한 규제는 없는지 공기를 들이마시는 것이 괴로울 정도이다. 이르는 곳마다 부랑자들이 빈둥빈둥 거린다. 나는 10분도 지나지 않아서 "어이구, 지독한 곳에 와버렸구나." 하고 허둥지둥 호텔로 도망쳐 돌아왔다. 몸이 기진맥진했다.

아무 데도 아름다운 곳이 없었다. 나에게 인도의 여행은 난처했다. 그동안 나는 "수학에서는 미적 정서가 가장 중요하다.", "젊을 때에는 아름다운 것을 경험하는 것이 결정적으로 정말 중요하다."는 등의 이야기를 하거나 글을 써왔다.

인도의 땅에서 그토록 아름다운 공식을 3500가지 이상이나 발견한 수학의 천재 라마누잔에게는 어울리지 않는 상황이었다. 그는 20대의 전반을 첸나이에서 보냈다. 내가 세운 가설에 대한 너무나도 극적인 반증례였다.

그러한 기억이 계속해서 머릿속을 떠나지 않았다. 나는 수년 후에 마음을 가다듬고 두 번째 인도 방문길을 나섰다. 처음에 방문했을 때에는 어리둥절하고 당황한 나머지 도망치듯이 돌아온 상황이라서 라마누잔의 고향까지는 가지 않았었다.

첸나이에서 남쪽으로 200 수십 킬로미터나 떨어진 먼 거리였다. 운전사를 고용해 예닐곱 시간이나 걸리는 길을 차로 달려가 라마누잔이 자란 쿰바코남이라고 하는 시골 마을에 도착했다. 나는 그곳에 가서 깜짝 놀랐다. 그 주변에 놀라울 정도로 아름다운 사원이 여러 개나 있었던 것이다. 가난한 마을에 어울리지 않게 터무니없이 웅장하고 아름다운 사원이 있었다.

수학의 정리定理와 장엄한 사원寺院

그 지역에 대한 이야기를 들어보니, 9세기부터 13세기에 이르기까지 그곳에는 촐라왕조의 시기가 있었다고 한다. 부유한 왕조시대를 다스렸던 역대 왕들이 상당히 유별나서, 물을 쓰듯이 돈을 써서 경쟁적으로 아름다운 사원을 만들어대기 시작했던 것이다.

쿰바코남 근처의 탄자부르에서 바라본 브리하데슈와라 사원은 정말로 놀라서 숨을 죽일 정도로 장엄하고 화려했다. 그 사원을 보았을 때 나는 직감적으로 '아아, 라마누잔의 공식과 같은 아름다움이 보인다'고 생각을 했다.

라마누잔은 '우리들의 머리보다 백 배나 좋다'고 할 정도의 천재는 아니다. 다만 '왜 그런 생각을 했는지 짐작이 가지 않는다'고 하는 타입의 천재일 뿐이다.

아인슈타인의 특수상대성이론은 아인슈타인이 아니어도

2년 이내에 누군가가 발견했을 것이라는 이야기가 있다. 수학과 자연과학에 있어서 거의 모든 발견은 어떠한 종류의 필연성을 감지할 수 있다. 그런데 라마누잔의 공식들은 압도적으로 아름다운데도 그러한 공식이 나오는 필연성에 대해서는 전혀 알 수가 없다.

고등학교를 졸업한 라마누잔은 "꿈속에서 여신이 가르쳐준다."고 하면서 차례차례로 정리定理와 공식을 발견했다. 결국에는 캠브리지대학에 초빙되어 제1차 세계대전이 진행하는 동안에 머물렀던 영국에서 몇 개의 획기적인 논문을 발표했다. 그를 초빙한 하디 교수의 연구실에 매일 아침 반半 다스나 되는 새로운 정리를 가지고 왔다고 한다. 그러나 그는 후대 수학자들에게 유쾌한 인물은 아니었다.

고등교육을 받지 않은 그는 정리를 '증명'하는 데에는 관심이 없었다. 그가 죽은 후에 기이하게 아름다운 정리가 증명되지 않은 채 많이 남아 있다. 많은 수학자들이 그 후 라마누잔의 정리에 대해서 몰두했는데, 그가 남인도에 있었을 무렵, 즉 26세까지 발견한 정리에 대한 증명이 겨우 완성된 것은 1997년이었으며, 그 내용은 5권의 책으로 출판되었다.

이 쿰바코남의 주변에서 라마누잔 이외에도 천재들이 배출되었다. 20세기 최대의 천체물리학자로 알려져 있으며, 노벨상을 수상한 찬드라세카르와 '라만 효과'로 알려진 물리학자로, 역시 노벨상 수상자이기도 한 라만이 출생한 곳도 이 근처이다. 세 사람 모두 30킬로미터의 가까운 거리에 있을 정도로 작은 지역의 출신들이다. 근대에 이르러 인도의 다른 지방으로부터 이 세 사람에 필적할 만한 수학자와 과학자는 한 사람도 나오지 않았다.

천재가 나오는 지역은 분명히 편향성이 있다. 이 지역에 존재하는 미적 요소가 천재와 깊은 관계가 있는 것은 틀림없다고 생각한다. 이 반경 30킬로미터의 지역은 천재를 낳는 토양을 생각할 때 결정적인 곳이라고도 할 수 있는 무대라고 생각한다.

제2조건 '무릎을 꿇는 마음'

두 번째 조건은 '무릎을 꿇는 마음'이 있어야 한다는 것이다. 일본의 경우는 신과 부처, 혹은 위대한 자연에 무릎을 꿇는다. 남인도는 힌두교의 메카와 같은 장소에서 사람들은 힌

두의 신들에게 무릎을 꿇는다. 라마누잔의 어머니는 매일 저녁 걸어서 몇 분 걸리지 않는 사랑가파니 사원에 기도하러 갈 때 자녀들을 데리고 다녔을 정도이다. 뉴턴1642~1727이 살아 있을 무렵의 영국인은 신에게 무릎을 꿇고 있었다. 실제로 뉴턴 자신도 경건한 기독교 신자였으며, 성경에 대한 연구도 열성적이었다.

지금의 영국인에 대해서 한마디 한다면, 그들에게 신앙심이 깊은 사람은 드물다. 그러나 영국에서는 노벨상 수상자가 지금도 많이 배출되고 있다. 그들은 무엇에 경의하며 무릎을 꿇고 있는 걸까? 전통에 무릎을 꿇고 있다. 캠브리지대학의 저녁식사는 그것에 대한 좋은 예이다. 350년 전과 똑같은 방에서 검은 망토를 입고 어두운 촛불 아래서 식사를 한다.

전통은 무엇보다 중요하다. 1500년 이상이나 계속되어온 일본 천황의 계승 방식인 '만세일계萬世一系'라는 원칙을 지키려는 상황에서 남녀평등이라는 이유를 내세워 천황 계승의 전통을 없애버리려는 경솔한 행동은 영국에서는 상상도 할 수 없는 일이다.

'뉴 유니버시티'

　10여 년 전에 이런 일이 있었다. 남아프리카의 반反 아파르트헤이트의 투사인 넬슨 만델라 대통령이 영국을 방문했을 때의 일이다. 그때 몇 군데의 대학에서 만델라에게 명예박사 학위를 수여하고 싶다는 뜻을 밝혔다. 어느 대학이 이 영웅에게 최초로 명예박사 학위를 수여할 것인가를 두고 영국의 여러 대학이 경쟁하게 되었다. 어느 대학이나 명예박사 학위를 수여하려는 영광을 누리고 싶다고 생각했던 것이다.

　영국에서만 10여 군데의 대학이 박사학위를 수여해 주겠다고 손을 들었다. 그리고 어느 대학도 양보를 하지 않았던 것 같은데, 결국 여론은 '옥스퍼드와 캠브리지는 둘 다 우수하니까 이중 어느 쪽에서든 수여하면 된다'고 하는 분위기였다. 그래서 결국은 옥스퍼드와 캠브리지라고 하는 두 챔피언의 경쟁으로 양상이 전개되었다.

그런데 이 두 대학은 어느 쪽도 양보하지 않았다. 마지막에 가서 결정한 기준은 학교 설립연도였다. 옥스퍼드가 1249년에 설립되었고, 캠브리지가 1284년에 설립되어 35년의 차이가 있었다. 이 점에 대해서는 결국 캠브리지 대학도 '어쩔 수 없다'고 하는 판단 속에서 양보하게 된 것이다.

영국의 경우는 이처럼 전통을 가장 중요시한다. 그러니까 옥스퍼드대학의 학생들은 35년의 세월에 걸친 기간만큼 전통이 짧은 캠브리지를 '뉴 유니버시티'라고 하면서 웃어넘기는 것이다. 영국인은 누구나 전통에 대해서는 공손한 마음을 가지고 있다.

제3조건 '정신성을 존중하는 풍토'

세 번째 조건은 '정신성을 존중하는 풍토'이다. 표면상으로는 아무런 역할을 하지 않는 것에 대해서도 존중하는 풍토가 있어야 한다. 예를 들면 문학, 예술, 종교 등, 실제적인 삶에 직접적인 역할을 하지 않는 것도 중요시해야 한다. 금전

과 세속적인 것을 가벼이 여겨야 한다. 말하자면 그러한 풍
토가 필요하다.

　영국의 신사 계층에 속해 있는 사람들은 일반적으로 그렇
다. 그들은 금전을 가벼이 여긴다. 런던에서 근무하는 금융
회사의 경영인 중에는 산전수전을 겪어서 부자가 된 사람들
이 꽤 있다. 그러나 그들은 존경을 받지는 못한다.

　그렇기 때문에 영국은 과학이 발달되어 있는 데에 비해서
경제 발달이 두드러지지 않고 있다고 생각한다. 그러나 상류
층에 있는 사람들이 금전을 가벼이 여기고 정신성을 중요시
하면, 설령 경제가 그다지 발달하지 못할지라도 그것보다 훨
씬 중요한 국가의 품격이 유지되며, 세계의 모든 국가들로부
터 존경을 받을 수가 있는 것이다.

카스트 제도와 천재

　라마누잔의 경우를 살펴보면 카스트 제도가 그의 천재성
을 키웠다고 할 수 있다.

라마누잔은 카스트 제도의 최상위층에 위치하는 '바라문' 에 속해 있었다. 바라문은 원래 사제나 승려 계층이었는데, 현재는 의사나 학자 등에 해당한다고 볼 수 있다. 그들의 상당한 부분을 불과 몇 퍼센트에 지나지 않는 바라문이 차지하고 있다.

바라문은 정신성을 중요시하고 금전을 가벼이 여긴다. 그러니까 카스트의 최상위 그룹에 위치한 경우라도 가난한 자는 얼마든지 있다. 라마누잔의 집도 몹시 가난해서 어머니가 물건을 얻으러 다닐 정도였다. 다만 바라문이 물건을 얻으러 다닌다고 하는 것은 구걸 행위와는 차원이 다르다. 구걸 행위를 하는 사람에 비해 태도가 오만하다. '나는 언제나 정신성이 매우 높은 것을 생각하며 생활하고 있다. 그러니까 당신은 나에게 쌀을 줄 의무가 있다'고 할 정도로 오만한 태도이다. 바라문한테는서는 '미안하지만 돈이 없는데 조금만 도와주시겠습니까?' 라고 하는 구걸하는 모습을 찾을 수가 없다.

인도에서 이러한 바라문의 비율이 가장 높은 지역이 라마누잔이 태어난 타밀라드 주의 주변이라고 한다. 사원의 숫자도 인도의 다른 지역보다 많다. 그들은 당연히 신앙심이 깊다. 신 앞에 무릎을 꿇고 정신성을 무엇보다도 소중히 여기는 풍토이다. 힌두교의 메카라고 불릴 만한 까닭이 있다.

이러한 환경이 있었기 때문에 라마누잔은 17세부터 23세까지 6년간 아무런 일도 하지 않고, 언제 직업을 택하게 되는지에 대한 기약도 없이, 해가 뜨나 해가 지나 수학에 집중할 수가 있었던 것이다. 너무나도 가난하여 아무것도 가진 것이 없는 세월을 보냈음에도 불구하고 부모를 비롯하여 어느 누구 한 사람도 '이 식충이! 일이라도 좀 해서 돈이라도 벌어오면 어떻겠니?' 하고 말하는 사람이 없었다.

이 세 가지의 조건을 모두 갖추고 있는 일본

그래서 일본은 어떻게 될 것인가? 이 세 가지의 조건을 훌륭하게 갖추고 있다. 우선 첫째, 일본에는 아름다운 자연이 있다. 둘째, 신과 자연에 무릎을 꿇는 마음이 있다. 그리고 셋째, 자기가 어떠한 역할을 할 것이라든가 금전에 대해서 가벼이 여기는 풍조가 있다.

무사도는 그야말로 그렇다. "무사는 끼니를 잇지 못해도

이를 쑤신다.”는 속담이 있듯이 가난을 의젓하게 참는다. 무로마치 말기에 일본을 찾아온 최초의 선교사인 프란시스코 자비에르_{Francisco de Xavier}는 이렇게 밝히고 있다.

“일본인들은 가난한 것을 부끄러워하지 않는다. 무사는 초닌_{町人, 신흥 상인 계층}보다 가난한데도 존경을 받고 있다.”

유럽인의 감각으로 특별하게 관찰한 내용에 대해서 외국인의 시각으로 기술할 수 있는 부분일 것이다. 빈부의 차이와 신분의 귀천은 무관하다는 것은 지금도 일본에 남아 있는 미풍양속이다.

이와 같이 ‘천재를 낳는 토양’의 전통은 오랫동안 계속되고 있다. 에도시대를 생각해 보아도, 예를 들면 식자율_{識者率}은 세계 최고였다. 에도시대 말기의 식자율이 대체적으로 50퍼센트로 알려져 있다. 그것은 당시의 서민 교육기관이었던 ‘데라코야_{寺子屋}’가 전국적으로 무수히 많이 있었기 때문이다. 당시 에도에서만 천 수백 개의 ‘데라코야’가 있었다고 한다. 그러나 당시 그 어디보다도 가장 근대적인 도시였던 영국 런던에서도 식자율은 20퍼센트 정도였다. 당시 유럽의 시골은 식자율이 불과 몇 퍼센트에 지나지 않았다. 유럽인들은 특별한 사람밖에는 문자를 읽지 못했던 것이다.

메이지시대 초기에 일본을 방문한 러시아인 메치니코프

Mechnikov : 1845~1916는 《메이지 유신의 회상》에서 "일본인들은 글을 읽고 쓰는 능력 등에 대해서 당연한 것처럼 생각하고 있다."는 것을 밝혔으며, "일본인들은 문자로 기록된 언어를 애호하는 습성을 가지고 있는데, 이것은 유럽에서는 본 적이 없을 정도로 널리 퍼져 있다."고 하면서 당시의 일본을 높이 평가하고 있다.

국가의 저력

식자율이 높다고 하는 것은 독서 문화가 발달했다고 하는 것을 의미한다. 돈벌이에는 전혀 도움이 되지 않는 독서를 즐기며 기뻐했다. 일본에는 이와 같은 '천재를 낳는 토양'을 배경으로 해서 문화의 꽃이 피었던 것이다.

겐로쿠시대元禄時代는 상업 경제가 급속히 팽창하여 교토京都·오사카大阪·에도江戶 : 지금의 동경를 중심으로 도시 문화가 활기차게 발전한 것이 시대의 특징이다. 이 시대에 수학 분야에서는 세키 타카카즈關孝和, 다케베 카타히로竹部賢弘, 문학에서는 마쓰오 바쇼松尾芭蕉, 이하라 사이카구井原西鶴, 치카마쓰 몬자에몬近松門左衛門 등의 천재가 배출되었다.

일본이라고 하는 나라는 그 정도로 멋진 토양을 가지고 있었다. 이 토양이야말로 국가의 저력이다. 에도시대의 토양을 회고해 보면, 메이지 이후에 전개된 눈이 번쩍거릴 것 같은 근대화는 필연이었던 것이다. 아시아, 아프리카의 나라들은 근대화에 즈음하여 일본의 메이지 유신을 본받으려고 했지만, 실은 순조로이 진행되지 않았다. 메이지 유신 후 일본의 경이적인 발전은 체제와 정치적 상황이 양호했다고 하기보다는 이와 같이 경이적인 저력에 의해 이루어진 토양이 양호했기 때문이었다고 생각한다.

수학과 문학, 예술 활동 등이 어느 정도 성황을 이루었는지를 살펴보면 그 나라의 저력을 알 수 있다. 일반적으로는 그러한 관찰 방식으로는 평가하지 않는다. 대체적으로 '최근 10년 동안의 경제 발전이 두드러지니까 지금부터 이 나라는 대단하다'고 하는 소박한 관찰 방식이 주류이다. 그러한 이야기가 신문과 TV에서 보도되어도 우리가 그것에 현혹되어서는 안 된다.

'국제 공헌'을 다시 생각한다

　지금 국제 공헌이라는 명목으로 이라크에 싸우지 않는 군대를 파병하고 있다. 그것은 도저히 찬성할 수 없는 일이다.

　왜냐하면 그러한 행위를 해도, 어느 나라도 일본을 존경하지 않을 것이기 때문이다. 다른 나라들이 일본을 생각하기에는 '미국의 속국이기 때문에 미국이 하라는 대로 행동했을 뿐'이라고 판단하는 것이 고작일 것이다. 게다가 그곳에 파병된 자위대원은 위험한 처지에 놓여 있다. 세계에서 가장 위험한 지역에 파병되어 있으면서도 자위대는 중무장을 할 수가 없으며, 네덜란드군 등 다른 나라의 군대를 통해서 군사적인 보호를 받는다고 하는 굴욕적인 입장에 놓여 있기 때문이다.

　지금 현재의 미국에는 제멋대로 행동하는 내셔널리즘은 있을지 모르지만, 국가의 '품격'은 없다. 9.11 테러로 인해서

흐지부지된 상태에 놓여버렸지만, 1997년에 일본 교토에서 개최된 회의에서 제시된 '교토의정서京都議定書, Kyoto Protocol'에 비준하는 것도 거부하고, 국제인도재판소를 설치하는 데에도 반대했으며, 자신이 말하는 대로 따라주지 않는 유엔에 대해서 분담금마저 체납하고 있는 상황에까지 이르렀다.

일본은 미국의 눈치를 살피면서 '국제 공헌'이라고 하는 째째한 행위를 할 필요는 전혀 없는 것이다. 진정한 마음으로 세계에 공헌을 하고 싶다면, '이라크의 부흥은 이슬람교에게 아무런 감정이나 걸림돌도 없는 일본이 모든 것을 떠맡겠다. 그리고 그렇게 하기 위해서 자위대 10만 명과 민간인 1만 명을 보낼 테니까 다른 나라의 군대는 모두 나가라'고 할 정도로 말해야 한다.

세계를 향해서 큰 목소리로 외칠 수 있을 만큼의 담력도 없이 오들오들 떨면서, 주변 국가의 눈치을 살피고서, 최소한의 희생으로 적당히 말을 얼버무리거나 상황을 탈피하려는 굴욕적인 태도로는 국제 공헌 따위는 처음부터 아예 잊어버리는 쪽이 좋다.

그러한 데에 머리를 쓰는 것보다 일본은 정정당당하게 경제성장을 희생해서라도 품격 있는 국가를 목표로 삼아야 한다. 그렇게 하는 것 자체가 최대의 국제 공헌이라고 할 수 있다. 모든 국가가 지향하는 품격 있는 국가로서 먼저 나서서 실현하는 것이, 인류의 꿈을 향한 안내자로서 선구적인 역할을 하게 되는 것이기 때문이다.

또 국가의 품격이라고 하는 것은 그것 자체가 방위력이기도 하다. 일본이 개국할 당시에 영국이든 미국이든 일본을 진정으로 식민지화하려고 마음을 먹었다면 자기들의 식민지로 만들 수 있었을 것이다. 그러나 영국인들은 에도시대 때 에도에 와서 가는 곳마다 초닌町人들이 책을 읽고 있는 모습을 보고 '이 나라는 도저히 식민지화할 수 없다'고 체념해 버렸던 것이다.

중국은 전체를 식민지화하기에는 너무 크다. 그래서 당시의 제국주의 국가들은 중국에 대해서 이권을 서로 나누었다. 태국은 미얀마를 통치하는 영국과 인도차이나베트남, 라오스, 캄보디아를 통치하는 프랑스 사이의 완충지대로서 식민지화하지 않았다. 그러나 당시 아시아의 다른 나라들은 전부 식민지가 되었다.

일본은 품격이 있는 국가였기 때문에 식민지가 되지 않고 무사히 끝났던 것이다. 이처럼 문화 수준이 높은 것, 혹은 국가에 품격이 있다고 하는 것은 방위 효과를 발휘하는 힘이 되기도 한다.

일본은 '이상한 나라'가 되어라

　일본의 정치가들은 "일본은 더욱더 보통 국가가 되어야 한다."고 거듭해서 주장하고 있다. 그러나 그 '보통 국가'가 의미하는 것이 대부분의 경우 '미국과 같은 나라'를 의미하는 것에 지나지 않는다. 나는 이 점에 대해서 반대한다. 일본은 유사 이래 줄곧 '이상한 나라'였다. 일본은 멀리 있는 나라는 물론이고 가까이에 있는 나라 모두에게도 정말로 이상한 나라였다. 앞으로도 '이상한 나라'로 존속되어야 한다고 생각한다.

　일본의 역사를 돌이켜 보면 그러한 것을 알 수 있다. 나는 앞에서 5세기부터 15세기까지 천년에 걸쳐서 일본이 문학에 있어서는 유럽 전 지역의 문학을 능가했다고 언급한 바가 있다. 에도시대는 260년간 계속된 시대인데, 이때에는 다른 나라에서는 거의 유래를 찾아볼 수 없는 오랫동안의 평화가 지속되어 왔고, 문화 예술의 꽃을 피우게 했다. 확실한 통계는 물론 없지만, 어쩌면 식자율도 단연코 세계에서 1위였을 것이다. 쇄국이 끝난 이후에 메이지시대에 이르자 갑자기 근대화 물결을 타고 단 37년 만에 세계 최대의 육군 국가인 러시아를 물리쳐 버렸다. 제2차 세계대전 이전에는 이미 세계 최대 해군 국가의 하나가 되었다.

패전을 맞이한 일본은 폐허 속에서 다시 일어났으며, 순식간에 세계 제2위의 위치를 차지하고 세계 최대의 채권 국가가 되었다.

10년 이상의 불황이 계속되었으나 여전히 유럽의 어느 한 나라, 아시아의 어느 한 나라와 비교가 안 될 정도의 경제 대국으로서 존재하고 있는 셈이다. 천연자원이 부족한 작은 섬나라인 일본이 어떻게 해서 이 정도로 두드러진 실적을 쌓아 온 것일까? 일본이 이 정도로 이상한 것일까? 우리는 이러한 점들을 잘 생각해야 한다.

대략적으로 말해서 일본인이 가지고 있는 '국가의 됨됨이'가 훌륭했기 때문이다. 말하자면 일본은 세계에서 으뜸가는 국가의 됨됨이를 지니고 있었던 것이다.

《문명의 충돌》을 저술한 미국의 국제정치학자 사무엘 헌팅턴Samuel P. Huntington은 세계 8대 문명의 하나로서 일본 문명을 제시하고 있다. 그가 그렇게 명시했던 이유는 일본이 세계의 어느 나라와도 본질적으로 다른 독자적인 문화 문명을 만들어왔기 때문이다. 선인들이 만들어 놓은 일본 문명의 매우 뛰어난 독자성을 어떻게 해서든지 지켜나가는 것이 후손들의 의무라고 생각한다.

'신의 보이지 않는 손'은 문제를 해결하지 못한다

　시장 원리가 맹위를 떨치고 있다. 각자가 이기적으로 이윤만을 추구하고 있으면 '신의 보이지 않는 손'에 의해서 사회는 전체적으로 조화를 이루고 풍요해진다고 하는 논리이다.
　자유 경쟁이야말로 훌륭한 제도이며, 국가가 규제하지 않고 자유롭게 방임하는, 즉 시장에 맡기는 것이 가장 좋다고 하는 논리이다. 이것은 아담 스미스Adam Smith : 1723~1790가《국부론》에서 제시했고, 그 후 계속 이어지는 고전파 경제학자들이 완성시킨 이론이다. 이것에 의존해서는 현대를 살아가는 사람들이 금전지상주의가 되는 것은 어쩔 수 없는 일이다. 어처구니없을 정도로 구체성이 없는 폭론暴論이다. 각자의 이기적인 이윤 추구를 자유롭게 방임하고 있으면 쓰레기 문제 하나 해결되지 않는다. 복지는 어떻게 될 것인가? 필연적으로 약자와 패자가 대량으로 발생하겠지만, 누가 구제할 것인가? '신의 보이지 않는 손'이 어느 것 한 가지 해결해 주지 않는다고 하는 것은 아담 스미스 이래로 거듭되어온 전쟁, 식민지 확장, 공황 속에서 세월을 보내온 20세기가 충분히 증명을 해주고도 남는다.

영국의 경제학자 케인즈가 1930년대에 들어와서 이것을 처음으로 비판했다. 그리고 이것은 당연한 일이다. 당시까지 그것에 대해서 정면으로 비판하는 자가 없었다고 하는 것이 놀라운 일이다. 케인즈는 국가가 공공 투자 등으로 수요를 만들어 내는 것에 대해서 중요성을 지적했던 것이다. 이것은 '케인즈 혁명'이라고 불릴 정도의 경이적인 것으로 받아들여진 한편, 이것에 따른 미국의 정책이 그 후로 성공하여 정착되었던 것이다.

그러나 미국의 경제가 잘 돌아가지 않게 된 1970년대부터 하예크F.A. Hayek라든가 프르드만Milton Friedman 등이 케인즈를 비판하고 다시 고전파 경제학의 이론을 들고 나왔다. 만일 경제가 잘 진행되지 않는다면 그 이유는 어딘가에 규제가 개입되어 있어서 자유 경쟁이 손상을 입고 있기 때문이라고 하는 내용까지 분석하고 있는 이론이다. 시대착오라고 말할 수 있는 이 이론은 신자유주의 경제학 등으로 불리고 있으며, 지금도 미국 취향의 이코노미스트 등에게 인기를 모으고 있는 이론이다.

제3장에서 서술한 바와 같이 이것은 아담 스미스의 재탕에 불과하다. 아담 스미스는 존 로크의 경제 패턴에 지나지 않으며, 존 로크의 이론은 칼뱅주의를 자기 방식대로 끌어들이기만 했을 뿐 실상은 어정쩡한 이론이다. 예정설을 하나의

특징으로 하는 칼뱅주의는 기독교에서도 프로테스탄트의 일부가 신봉하고 있는 것에 지나지 않으며 가톨릭, 그리스 정교, 러시아 정교 등은 물론 이것을 인정하지 않는다.

시장 경제에는 노벨경제학상을 받은 위대한 학자들에 의한 얼핏 보기엔 훌륭한 이론이 있는데, 이와 같이 원류를 거슬러 올라가면 단순한 기독교 일파의 교양 수준의 내용에 지나지 않는다. 더구나 세계 모든 사람들 중에서 거의 90퍼센트에 해당하는 사람들에게 있어서 너무나도 무자비하고 냉혹한 예정설에 논리의 출발점이 있는 것이다. 그렇기 때문에 경제에 한해서도 커다란 왜곡 상황이 빚어지고 있다. 그 때문인지 노벨경제학상을 폐지해야 한다고 하는 의견도 강하게 대두되고 있다.

기독교 원리주의

어쩌면 과잉 상태에 놓여 있는 교회의 권위를 부정하기 위해서 생겨난 칼뱅주의의 예정설과 왕권신수설에 대항해서,

개인의 권리를 확보하기 위해 칼뱅주의를 이용한 로크가 내세운 자유, 평등, 국민 주권 등이 현대의 모든 것을 총체적으로 포함하고 있다. 미국을 필두로 해서 세계를 석권하고 있는 그들은 한마디로 말하면 '기독교 원리주의'이다. 기독교도 이슬람교도 존경해야 할 훌륭한 종교인데 '원리주의'가 대두하여 진전하게 되면 위험한 사상이 되는 것이다.

세계는 이러한 교양 및 거기에서 출발한 논리에 현혹되어 있다. 세계가 교양을 신봉하고 있기 때문에 미국은 그것을 자신만만하게 강조해 왔다. 미국이 그것을 신봉하는 것은 우리와는 전혀 상관없다. 다만, 이러한 사상과 논리가 침투한 문명국이 모두 황폐하게 사라져가는 것은 주목해야 할 사실이다.

자유, 평등, 국민 주권 등은 물론 교회의 권위와 절대 왕정을 타도한 다음에 눈부신 힘을 발휘했다. 그러나 이러한 것이 타도됨과 동시에 그 역사적 사명을 끝냈어야 했던 것이다. 교회의 과도한 권력도 절대 왕정도 없는 현대에 이르러 이러한 이념은 너무나도 시대에 뒤떨어진 것이다.

제2장에서 논리의 무력함에 대해서 설명했고, 제4장에서 그것을 대신할 수 있는 것으로서 '정서와 틀양식'에 대해서 언급했다.

'모노노아와레' 등의 아름다운 정서, 그리고 무사도정신에서 배어 나오는 자애, 성실, 측은, 명예, 비겁한 행동을 싫어하는 것 등에 대한 틀양식이다. 일본은 현대를 황폐하게 내몰아버린 자유와 평등보다 일본인 고유의 이러한 정서와 틀양식이 상위에 있다고 하는 점을 세계에 알리지 않으면 안 된다. 자유, 평등, 시장 원리주의라고 하는 교양은, 공산주의가 그랬던 것처럼, 아무리 훌륭해 보이는 논리로 장식해도 인간을 진정으로 행복하게 할 수는 없기 때문이다.

이러한 것들을 세계에 제시하기 위해서는 세계를 향해서 외칠 것이 아니라 우선 일본인 각 개개인이 정서와 틀양식을 몸에 익숙하게 해야 한다. 그것이 바로 국가의 품격이다. 품격이 높은 국가에 대해서 세계는 경의를 표하며, 반드시 그것을 본받으려 할 것이다. 그것은 문명국이 한결같이 고뇌해 온 황폐해 가는 것에 대한 유일한 해결책이라고 나는 생각한다.

품격 있는 국가의 지표

품격 있는 국가의 특징에는 어떠한 것들이 있는가? 형식과 틀양식을 국민 개개인의 몸에 익숙하게 한다는 것만으로는 추상적이며 눈에 보이지 않는다. 이러한 것을 갖추면 어떠한 국가가 될 것인가? 구체적인 실체가 없으면 어느 쪽을 향하여 나아가면 좋을지 알 수가 없다.

이러한 관점에서 품격 있는 국가의 지표는 다음 네 가지로 제시해 볼 수가 있다.

1 독립불기

첫 번째는 국가의 독립불기獨立不羈이다.

스스로의 의지에 따라서 행동을 할 수 있는 국가를 독립국이라고 한다. 현대 일본은 거의 미국의 식민지 상태에 놓여 있으며, 품격 있는 조건을 전혀 갖추지 않았다. 세계에 자랑할 만한 일본의 아름다운 정서와 틀양식에 입각함으로써 전후에 상실한 조국에 대한 긍지와 자신을 되돌릴 수가 있다. 긍지와 자신감이 없을 경우에는 나라가 번영하고 있으니까 어느 나라의 식민지가 되어도 상관없지 않겠느냐, 그 나라가 하라는 대로 하면 되지 않느냐고 하는 상황으로 전락해 버린다. 일본은 유럽 각국에 비해서 극단적으로 낮은 식량 자급률을 높여야 한다. 이것도 독립국으로서는 중요하다. 일본이 40퍼센트에 못 미치는 것에 비해서 영국에서는 75퍼센트, 독일은 90퍼센트, 프랑스 등은 농산물의 수출 대국이다.

독립불기에는 자신의 나라는 스스로 지킨다고 하는 각오도 필요하다. 주의해야 할 것은 확고한 국방력은 이웃 나라를 침략하게 되는 전투력으로 전환될 수도 있다는 점이다. 그렇기 때문에 품격 있는 국가가 되기 위해서는 한층 더 아름다운 정서와 틀양식이 필요한 것이다.

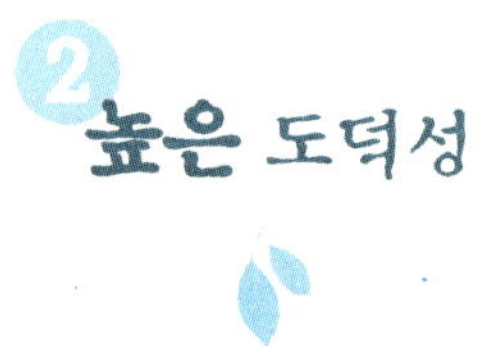

2 높은 도덕성

두 번째는 높은 도덕성이다.

일본인이 도덕성이 높다고 하는 것은 전국시대가 끝나고 나서 아즈치모모야마시대安土桃山時代에 일본에 온 선교사를 비롯한 사람들이 이구동성으로 목소리를 드높였다. 이것은 메이지시대에 이르러서도 마찬가지였다. 메이지시대 초기에 일본을 방문하여 '오모리 패총大森貝塚'을 발견한 미국의 생물학자 모스는 일본인의 우아하고 온후함에 감명을 받아 "왜 일본인이 우리를 야만인이라고 불러왔던가에 대해서 점점 이해된다."고 술회했다. 모스는 또 "일본에 여러 개월 동안 체류하고 있으면, 어떠한 외국인도 자기 나라에서는 도덕적 교훈으로 간주해서 의무적으로 떠받들어야 하는 짐처럼 여기는 도덕과 품성을 일본인의 경우에는 태어나면서부터 당연하게 지니고 있다는 것을 깨닫는다. 아주 가난한 사람들조차도 이러한 도덕과 품성을 지니고 있다.”고 술회하고 있다.

쇼와시대昭和時代 초기까지 일본에 장기 체류한 외국인의 대부분은 이것과 비슷한 내용을 밝히고 있다. 반대로 일본에서 미국에 건너간 기독교 신자인 우치무라 칸조內村鑑三나 니토베 이나조新渡戶稻造는 고국의 도덕성이 높은 점에 감동을 받았다. 도덕성이 높다는 것을 재는 척도는 없지만, 과거 천 년 동안 각국을 몇 가지의 방법으로 비교할 수가 있었다면, 어쩌면 현격한 차이가 날 정도로 일본인이 최고의 위치를 차지할 것으로 생각한다. 이와 같이 일본인의 DNA에 녹아들어가 있는 것이나 다름없는 도덕심이 전후부터 조금씩 손상되었고, 최근에는 적지 않은 일본인이 시장 경제에 의해서 만연된 금전 지상주의 때문에 철저하게 고통을 당하고 있다. 이러한 야비한 나라들과 영합하지 말고 도덕이라는 나라의 됨됨이를 지키고, 그렇게 하기 위해서는 정서와 틀양식을 회복해야 한다.

세 번째는 아름다운 전원이다.

아름다운 전원이 보존되어 있다고 하는 것은 아직까지는 금전 지상주의에 의해서 더럽혀지지 않은 아름다운 정서가 그 나라에 존재한다는 증거이다. 영국을 방문한 사람은 모두 전원의 아름다움에 감동을 받는다. 그 전원을 바라보는 것만으로도 영국인이 금전 지상주의에 물들어 있지 않았음을 알 수 있다. 그리고 그것에 의해서 영국이라고 하는 국가가 품격이 높다는 것을 느낄 수 있다. 실은 그들도 예전에는 금전 지상주의에 물들어 있었다. 그러나 한 세기 전에 그러한 풍조로부터 졸업을 해 버렸던 것이다.

아름다운 전원을 가지고 있다는 것은 그곳에 살고 있는 농민이 울고 있지 않다는 것을 의미한다. 경제적으로 가장 민감해지기 쉬운 농민에게까지 마음의 배려를 하고 있어서 농민이 안심하고 일을 할 수 있다는 증거이다. 경제 원리뿐만 아니라 조국애와 측은지심이 살아 있다고 하는 것을 의미하기도 한다.

전원이 흐트러져 있다고 하는 것은 부끄러워해야 할 모습이다. 예전에 일본의 전원미에 대해서 메이지 유신이 단행되었을 무렵에 일본을 찾아온 모든 서구인들은 "이렇게 아름다운 나라에서 일생 지내고 싶다.", "일본의 전원은 모두 공원이다.", "일본의 길은 꿈길 같다."는 등의 찬사를 아끼지 않았다. 그러한 풍경을 지녀온 일본의 전원은 시장 원리에 의해 최근 십수 년 정도밖에 안 되는 짧은 시기에 완전히 황폐화해 버렸다.

④ 천재의 배출

네 번째는 학문, 문화, 예술 등에서 천재가 배출되어야 한다. 앞에서도 말한 바와 같이 천재가 배출되기 위해서는 표면적으로 구체적인 역할을 할 수 없는 요소들과 정신성을 존중하는 토양, 미의 존재, 무릎을 꿇고 경의하는 마음 등이 필요하다. 시장 원리주의는 이러한 모든 것을 싹둑싹둑 잘라버린다. 미국에서 반례를 찾아볼 수 있지 않느냐고 말하는 사람도 있을 것이라는 생각이 들지만, 그것은 옳지 않다. 미국은 그 부富와 세계 제일의 연구 조건에 매혹되어 유입하는 세계 각국의 천재와 수재들에 의해 지탱을 받고 있는 것이다. 그러나 몇 가지 사정으로 인해서 타국 인재들의 유입이 단절된다면 미국은 그것으로 끝장이다.

일본은 천재성을 낳는 토양을 착실하게 상실해 가고 있다. 미의 원천이기도 한 전원은 황폐되고, 초등학교에서 대학교까지 오로지 실용적인 역할을 하는 분야만을 추구하는 풍조에 물들어 있다. 일본인들이 무릎을 꿇는 대상은 금전뿐이다. 금전을 가벼이 여긴다고 하는 무사도에서 가르쳐온 틀양식은 모두 망각해 버렸다. 전원이 황폐하면 일본의 보물이라고도 할 수 있는 '모노노아와레'와 미적 감수성 등의 정서도 위태로운 상태에 놓이게 된다.

세계를 구하는 것은 **일본인**

일본은 금전 지상주의를 심각하게 생각하지 않는 야비한 나라들과는 선을 그을 필요가 있다. 일본은 전력을 다하여 국가의 품격을 지켜야 한다. 일본 경제가 한 세기 정도 사양길을 걸으면 걸을수록 일본은 오히려 고고함을 지켜야 한다고 생각한다. 침체하는 분야는 고작해야 경제 문제일 뿐이다.

다이쇼시대大正時代 말기부터 쇼와시대昭和時代 초기에 걸쳐서 주일 프랑스대사를 지낸 바가 있는 시인 폴 크로델은 태평양전쟁은 일본이 질 것이라는 것이 확실했던 1943년쇼와 18년에 파리에서 이렇게 말한 적이 있다.

"일본인은 가난하다. 그러나 그들은 고귀하다. 세계에서 어떻게 해서든 살아남으려고 하는 민족이 어느 나라 민족이냐 하면 그것은 일본 민족이다."

일본인 개개인이 아름다운 정서와 틀양식을 몸에 지녀서 품

격 있는 국가를 유지하는 것은 일본인으로서 태어난 진정한
의미이며, 인류에 대한 책무라고 생각한다. 최근 4세기 동안
세계를 지배해온 서구의 교양은 드디어 파탄을 보이기 시작
했다. 그래서 세계는 어찌할 바를 모르고 있다. 시간은 흐르
는데 이 세계를 본격적으로 구하는 민족은 일본 민족밖에 없
다고 나는 생각한다.